## DU MÊME AUTEUR

### LIVRES

*Poppermost – Considérations sur la mort de Paul McCartney,* MF, 2002, rééd. 2013.
*Economie Eskimo – Le rêve de Zappa*, MF, 2005, rééd. 2018.
*Mattt Konture,* L'Association, 2006.
*L'Homme électrique – Nerval et la vie*, MF, 2008.
*Cabala – Led Zeppelin occulte*, Hoëbeke, 2009.
*La Main gauche de David Lynch*, PUF, 2010, rééd. augmentée sous le nom de *Trois Essais sur Twin Peaks*, PUF, 2018.
*Les mêmes yeux que Lost*, Leo Scheer, 2011.
*Tous les chevaliers sauvages – Un tombeau de l'humour et de la guerre*, Philippe Rey, 2012, rééd. par les éditions Wombat, 2018.
*Soap Apocryphe*, Inculte, 2012.
*Pop Yoga,* Sonatine, 2013.
*Les cinq livres du King*, Le feu sacré, 2014.
*Cinema Hermetica,* Super 8, 2016.
*La Victoire des Sans Roi – Révolution gnostique*, PUF, 2017.
*Serpent,* Derrière la salle de bain, 2018.
*Sycomore Sickamour*, PUF, 2018.
*Dark Lady*, traduction et introduction aux Sonnets de Shakespeare concernant la femme sombre, Littérature Mineure, 2019.
*The Leftovers, le troisième côté du miroir*, écrit en collaboration avec Sarah Hatchuel, Playlist Society, 2019.

### FILMS

*Le Dispositif,* réalisé en collaboration avec Thomas Bertay, 52 épisodes, Sycomore Films, 1999-2013.
*Stupor Mundi 1 – Rituel de décapitation du pape,* réalisé en collaboration avec Thomas Bertay, Sycomore Films, 2016.
*Stupor Mundi 2 – Les Hommes qui mangèrent la montagne,* réalisé en collaboration avec Thomas Bertay, Sycomore Films, 2016.
*Stupor Mundi 3 – La plus dangereuse rencontre*, réalisé en collaboration avec Thomas Bertay, Sycomore Films, 2019.

# TU M'AS DONNÉ DE LA CRASSE ET J'EN AI FAIT DE L'OR

Couverture : Raphaëlle Faguer.
Photographie : © Charlélie Marangé.


ISBN : 978-23-80352-13-9

PACÔME THIELLEMENT

# TU M'AS DONNÉ DE LA CRASSE ET J'EN AI FAIT DE L'OR

MASSOT ÉDITIONS

# Toute une vie ne suffirait pas à apprendre à vivre

En juin 2002, j'ai vingt-sept ans. Je pars au Japon avec Setsuko qui est alors ma compagne. Nous débarquons à Osaka, une ville qui m'émeut immédiatement, en particulier le contraste entre les rues ordinaires grises, humides et douces, et les temples shinto ouverts, colorés, éclatants. Puis nous nous rendons à Tokyo où nous nous amusons énormément de la façon dont les magasins japonais ont recyclé la langue française pour la transformer en *quelque chose d'autre* : la boutique de fringues chics Comme Ça du Mode, par exemple, mais aussi des restaurants qui se nomment, sans pronom, Table, Mouton, Grand Rêver. Il y a même un coiffeur qui s'appelle Milieu et un autre Touchez du Bois Ma Chère. Nous nous rendons en train à Kyoto et, dans un petit restaurant excentré où, seuls, nous mangeons des nouilles japonaises, la chaîne stéréo diffuse soudain la musique de *Twin Peaks*. Je touche le bois de la table, à défaut d'atteindre le milieu du grand rêve à saute-mouton. Toute une vie ne suffirait pas à apprendre à vivre.

Puis nous allons dans le temple de Chōgosonshi-ji, dans la banlieue de Nara, avec ses immenses statues de tigres enfantins et joyeux. Une vieille caissière édentée et borgne, accompagnée par un chat tigré et borgne qui lui ressemble comme un frère, m'envoie au loin des baisers. Nous y traversons le couloir en arc de cercle où ne filtre qu'une pâle lumière en provenance de l'autel. Nous devons retrouver notre dieu parmi les huit millions de dieux, notre tigre parmi les huit millions de tigres. Ensuite, alors que le couloir souterrain se fait de plus en plus sombre et opaque, Setsuko et moi nous orientons en caressant la pierre pour nous agripper enfin à cette clé en légère suspension dont une prêtresse à l'entrée nous a préalablement parlé. Puis nous marchons dans la ville de Nara, entourés de biches sauvages. Elles sont gentilles comme des chats. Pas seulement gentilles : en hochant la tête pour remercier les hommes de les nourrir, avec un minutieux cérémonial qui fait douter de leur réalité animale, les biches semblent poliment ironiser sur la politesse elle-même ironique des Japonais vis-à-vis du reste du monde. Enfin, à Ise, je fonds d'amour devant le tout premier temple shinto au parcours interminable, avec ses canards, ses chevaux gris et les cinquante *salarymen* en prière devant un espace blanc. C'est si beau que je n'arrive pas à y croire.

— Où est le dieu que l'on doit prier ? demandé-je à Setsuko.

— Il est caché dans le jinja, me répond-elle. Quand tu tapes deux fois dans tes mains, il traverse le drap blanc et vient.

Hélas, au lieu de me réjouir de découvrir le Japon dans toute sa splendeur, je ne pense qu'à une chose : le fait que je n'ai pas de nouvelles de mon éditeur depuis plus d'un an. Je viens d'écrire mon premier livre, un essai sur le mythe de la mort de Paul McCartney, et, comme je l'ai envoyé à l'éditeur en avril 2001 et qu'il ne m'a toujours pas répondu, je suis persuadé qu'il ne le publiera pas et même que le livre ne sortira jamais. Ayant perdu toute espérance, je me crois en enfer.

C'est pathétique mais c'est plus fort que moi. Je me mets à vivre tout mon séjour au Japon dans des crises d'angoisse idiotes. Setsuko fait tout pour me convaincre qu'il ne s'agit que d'un problème de décalage horaire, mais ce n'est pas le cas. Je me suis recalé en deux jours, mais c'est pour me déphaser définitivement ensuite. Je n'arrive plus à dormir. J'alterne les insomnies de près de quarante heures et les chutes abruptes dans le sommeil : que ce soit sur un banc, dans une voiture, dans un train ou dans les temples. Je m'endors soudain dans un temple zen à Kyoto, devant le jardin de pierres, et la caissière de l'accueil – une petite femme toute sèche, aux antipodes de la borgne édentée de Nara – se lève pour nous passer un savon. Nous partons comme des voleurs et je trouve un talus recouvert d'un tapis de mousse dans la rue pour terminer une sieste avant que nous reprenions le train. J'ai des crises de larmes en pleine rue. Setsuko et moi devons alors retourner à la maison de ses parents à Osaka, où je m'allonge en attendant que ça passe, le corps si tendu qu'il semble presque électrique.

Je ne pense pas seulement au fait que mon livre ne sortira pas. Je me mets à voir la vie en France dans des teintes apocalyptiques. Au lieu de me fondre dans la beauté des temples et de me réjouir de la gentillesse des Japonais, je vais sans cesse sur Internet, que ce soit sur l'ordinateur du père de Setsuko ou dans des cybercafés, pour me renseigner sur ce que font les gens que je fréquente. Mais ce n'est pas bienveillant : c'est trouble et méfiant. Le climax est atteint un soir à Tokyo, chez des amis de Setsuko, où, pendant que tous s'amusent, je me focalise sur une émission de télévision de cuisine : *Chubaw Desu yo !* Le présentateur de l'émission est le premier Japonais que je trouve viscéralement antipathique. Je demande aux amis de Setsuko de me dire son nom. Il s'appelle Masaaki Sakai mais tout le monde l'appelle Machiaki. J'ai l'impression que ce Machiaki est un pervers, qu'il profite de son pouvoir pour abuser des jeunes filles qui veulent faire de la télévision, qu'il les kidnappe et les viole. Soudain, pris par un courant de pensée qui souffle en moi comme un vent mauvais, j'ai la certitude que je vais tuer cet homme. C'est comme une étrange petite musique qui commence à tourner dans ma tête, une ritournelle anxiogène et déplaisante. Je suis alors pris dans un tourbillon de tristesse et un étrange tracé de mauvaise lumière qui me rapprochent – du moins c'est ce que je crois – du courant de pensée des tueurs de stars.

Peu de temps auparavant, j'ai écrit, pour ce premier livre que je crois désormais ne jamais voir publié, plusieurs pages consacrées à l'histoire du meurtrier de John Lennon, Mark David Chapman. J'y décris son errance, le parcours de vie qui l'a amené à s'imaginer qu'il devait tuer l'homme qu'il avait auparavant admiré au point de s'identifier à lui. Et maintenant je crois que je vais devenir quelqu'un comme lui, même si, contrairement à lui, je vais assassiner un homme dont je me fous complètement, à savoir ce pauvre Masaaki Sakai. C'est comme le synopsis d'un destin inéluctable, avec ses étapes, ses moments forts, ses épiphanies de lumière inverse. Et cette vision me rend extrêmement malheureux. Je traverse des villes magnifiques, je rencontre des gens merveilleux, mais ça n'a plus aucune importance pour moi. Désormais, un malaise s'est installé en moi. Je me vis comme un paria, un raté, un tueur.

À Paris, depuis quelques années, j'appartiens à un groupe d'écrivains et d'artistes nommé les Gentlemen Invisibles. Nous éditons des petits livres et organisons des expositions et des soirées. Mais ce que nous faisons n'intéresse absolument personne. Je suis persuadé que nous inventons quelque chose de très important, mais je suis bien le seul à le penser. Nous publions une revue qui s'appelle *Spectre* et celle-ci a plus de collaborateurs que de lecteurs... Et même les collaborateurs de la revue se lisent peu entre eux, voire pas. Bref, des spectres, nous le sommes progressivement devenus les uns pour les autres...

C'est presque trop parfait de me retrouver à Osaka à ce moment de ma vie. En effet, non seulement il y a beaucoup d'histoires de spectres au Japon, mais une notion cruciale les concerne dans le bouddhisme. On y parle de fantômes affamés, de *hungry ghosts*, de *prêta*. Je demande à Setsuko de m'expliquer ce que sont les *prêta*. Elle me dit : les *prêta* sont des esprits. Ce sont les esprits qui furent naguère des hommes si avides de possessions matérielles ou spirituelles que, une fois morts, ils continuent à souffrir de leurs désirs inassouvis tels que la gourmandise, l'obsession sexuelle, la richesse, l'ambition… Si l'on a couru après les possessions, matérielles ou symboliques, toute sa vie, si l'on n'a pas accompli le grand détachement, on ne meurt pas. On meurt mais on n'est pas mort pour autant. On erre sur la terre, affamé, désœuvré, incapable de nourrir notre âme insatiable. Dans l'âme inassouvie du *prêta*, toute consistance s'évapore, tout contenu fond comme du sucre. Et je suis sur le point de me transformer en l'un d'entre eux.

Le détachement des possessions matérielles est la base de toute sagesse, et même de toute stratégie, puisque nul ne se met plus en danger physiquement qu'un homme en manque. On trouve cent exemples de cette connaissance dans les textes traditionnels. Ainsi Lao-Tseu : « *Il n'existe pas de plus grand crime que celui de ne savoir réfréner ses désirs. Il n'existe pas de désastre plus grand que celui de ne savoir se contenter. Il n'existe pas de plus grand malheur que celui causé par l'esprit de convoitise. En sachant se contenter, l'on ne manque jamais de rien.* » L'inassouvissement est un maître de mort. L'état de fragilité dans lequel est plongé le fantôme affamé le met en relation avec des « influences errantes » susceptibles de diriger ses gestes et d'inspirer ses crimes… Mark David Chapman a dû laisser entrer en lui bien des « influences errantes » pour non seulement *s'imaginer* qu'il pourrait tuer sa star préférée mais, infiniment plus ténébreusement dingue : *réussir à le faire*. Mark David Chapman s'est fié à des signes – les paroles des chansons des Beatles, le roman *L'Attrape-cœurs* de J.D. Salinger, mais aussi à des images, à des rencontres – et ceux-ci l'ont entraîné à suivre le mauvais chemin ou la mauvaise lumière…

Toute une vie ne suffirait pas à apprendre à vivre. Alors que j'imagine que je vais assassiner Masaaki Sakai à mon tour, je ne vois pas quelque chose qui est pourtant évident et que je mettrai des années à remarquer. Certes, les tueurs de stars sont des *prêta*, déjà morts dans la vie, errants comme des fantômes affamés. Certes, entre nous et le tueur de stars, il n'y a pas une différence de nature mais de degré. Certes, tout inassouvi est, en puissance, un tueur de stars et, dans ce mauvais monde, nous avons tous la possibilité de nous transformer en *prêta*. Mais surtout leur chute est la conséquence probable d'une erreur que nous commettons tous et qu'ils ont simplement pris un peu plus à cœur que nous : *faire de notre échec de vie une affaire personnelle.*

Et c'est cette erreur qu'il s'agit désormais de mettre en lumière. Parce que notre malheur ne nous est pas « propre », il ne nous est pas « personnel ». Il répond à une règle générale de la vie sur Terre. Nous ne sommes pas malheureux par notre propre faute. C'est le fonctionnement de ce monde qui nous démoralise. Mais nous nous rendons doublement malheureux en pensant que c'est notre faute. Si nous savons que c'est ce monde mauvais qui nous rend malades, et non notre mauvaise nature, nous avons la possibilité de *changer cela*. Nous sachant non coupables de cette envie dont, pourtant, nous souffrons horriblement, nous avons la possibilité de défendre notre innocence contre ces sentiments qui nous font honte. Nous savons que la jalousie et l'envie exercent leur puissance sur nous comme des agents culpabilisateurs qui n'ont rien à faire dans notre économie psychique et que nous devons traiter comme des envahisseurs, en les chassant de notre cœur. Nous valons mieux que ça.

Dans ce monde, tout est signe. Tout est labyrinthe, chute et ascension de l'âme. Tout est obscur – les chemins, les parcours, les scintillements des destins possibles –, il y a des lumières partout, déclinantes et ascendantes, et il faut être incroyablement intuitif pour suivre les bons signes, les bonnes lumières. Tout est fait pour que nous suivions les mauvaises. Tout est construit pour que nous tombions dans des pièges. On trouve des traces de cet état d'esprit jusque dans le plus ancien poème attribué à des « gnostiques » : le Psaume des Naassènes. Le Psaume des Naassènes contient tout ce que nous aurons à savoir pour ressusciter de chacune de nos morts et traverser chacune de nos vies.

*L'âme souffre, jouet et esclave de la mort*
*Tantôt, investie de la royauté, elle jouit de la lumière*
*Tantôt, précipitée dans le malheur, elle pleure*
*Tantôt elle se réjouit et tantôt elle pleure*
*Tantôt elle pleure et tantôt elle est jugée*
*Tantôt elle est jugée et tantôt elle meurt*
*Tantôt, enfin, elle ne trouve plus d'issue,*
*Âme infortunée, ses courses errantes l'ont amenée dans un labyrinthe de malheurs*
*Alors Jésus dit : Regarde, ô Père*
*En butte au malheur, elle erre encore sur la Terre loin de Ton souffle*
*Elle cherche à fuir l'odieux chaos et elle ne sait comment le traverser*
*C'est pourquoi, Père, envoie-moi*
*Je descendrai portant les sceaux*
*Je traverserai la totalité des éons*

*Je lui révélerai tous les mystères*
*Je lui montrerai les formes des dieux*
*Et je lui transmettrai sous le nom de gnose les secrets de la sainte voie.*

Tous les garçons se croient chevaliers. Toutes les filles se rêvent princesses. Et la vie s'acharne ensuite à mettre en pièces leurs croyances et leurs rêves. Ce n'est pas que les garçons et les filles aient tort. Au contraire, ils ont raison de lutter pour leurs rêves. Mais ce monde ne leur fera pas de cadeau. Ce monde, c'est l'enfer. Nous sommes tous des âmes errantes, abandonnées, maltraitées et désorientées, allant au hasard et attendant de la vie qu'elle nous restitue la couronne de notre noblesse singulière.

L'injustice est la substance de ce monde. Que ce soit l'argent, l'amour, la gloire, il y a ceux qui en ont et ceux qui n'en ont pas. Il y a ceux qui en croquent et ceux qui sont croqués. Non seulement il y a une multitude de Mark David Chapman pour une poignée de John Lennon, mais le nombre limité des John Lennon ne peut apparaître que parce qu'il existe une multitude de Mark David Chapman. Et cette multitude de Mark David Chapman les adore et les déteste simultanément. Tout ce que les John Lennon pourront faire pour mieux équilibrer ce cosmos pourri ne réussira pas à faire disparaître cette inégalité essentielle : les stars ne peuvent exister que parce qu'il existe des hommes qui n'en sont pas, les hommes désirables ne peuvent exister que parce que des hommes ne le sont pas. Ces hommes les désirent et les envient – et donc les détestent un peu aussi. Et ils ont des raisons de les détester puisque, dans leur âme inassouvie de *prêta*, l'inassouvissement règne.

En juin 2002, je fais partie de la communauté des Mark David Chapman. Je suis dans leur labyrinthe de malheurs. Je poursuis les mêmes étoiles. Je souffre de la même misère et de la même mort. J'ai beau avoir écrit un essai sur les Beatles, mon livre ne sort toujours pas et je suis toujours en enfer.

Toute une vie ne suffirait pas à apprendre à vivre. Ce que je ne sais pas encore, c'est que cet enfer ne va pas durer longtemps. L'éditeur ne m'a pas oublié. Il avait juste des problèmes d'argent. Mon livre sort quelques mois plus tard, en octobre 2002. Pourtant ça ne s'arrange pas. Je ne m'arrange pas. À cette époque de ma vie, ce que je vois, avant tout, c'est que les Gentlemen Invisibles, le groupe d'artistes dont je fais partie, est en train de se dissoudre et je ne pense qu'à une chose : créer un autre groupe d'artistes (je n'y arriverai pas). Et je ne vois toujours pas ce qui est pourtant évident et devrait me sauter aux yeux. Pour le voir, il faudra que je vive *à la fois* l'échec et la réussite, la non-publication du livre et la publication du livre, la communauté d'artistes et sa dissolution. Bref : *pour le voir, il faudra que je vive la victoire et l'échec comme des puissances jumelles, réversibles et communicantes.* Ainsi, et seulement ainsi, je me rendrai compte que le problème est ailleurs, et que l'enfer est toujours susceptible de se réinstaller au moment où on s'y attend le moins.

En 2005, j'ai sorti deux livres, je vis toujours avec Setsuko et nous avons une chatte que nous adorons, Yume. Je me rends excessivement malheureux pour une chose : je suis persuadé que je ne sortirai jamais mon troisième livre. Et c'est au point où j'erre des après-midi entières dans la rue en parlant tout bas. Parfois je m'assois sur un banc près du métro Poissonnière des larmes plein les yeux et je médite sur mon échec de vie.

En 2011, je n'ai plus de craintes sur le fait de continuer à publier des livres – en deux ans, j'en ai encore sorti trois nouveaux et je m'apprête à en sortir un quatrième – mais je ne pense qu'à une chose : Setsuko m'a quitté, je suis célibataire et je me persuade que je ne tomberai plus jamais à nouveau amoureux.

En 2012, je tombe à nouveau amoureux, mais de la mauvaise personne.

En 2017, je sors un livre dont je suis très heureux mais mon père est très malade.

À tous les moments de ma vie, mes malheurs ont toujours, systématiquement, éclipsé mes joies. Même si tout allait bien – ce qui est fort peu probable –, je serais capable de trouver une façon de me convaincre que ma vie est résolument la pire de toutes les vies possibles.

En 2002, alors que je pourrais me réjouir de visiter le Japon avec ma compagne, je préfère me persuader d'être un raté : ce raté qui tuera le présentateur japonais.

En 2011, alors que je pourrais me réjouir d'être un écrivain qui n'a plus de difficultés à publier des livres, je préfère me persuader d'être un mal-aimé : ce mal-aimé, passant d'une histoire ratée à une autre, incapable de rencontrer le grand amour.

À toutes les époques de ma vie, je me suis retrouvé à nouveau l'âme disponible aux mauvais signes, aux influences errantes, comme un fantôme affamé. À toutes ces époques, alors que je comptais rejoindre le club très sélect des John Lennon, je me retrouvais de nouveau rejeté par le videur de la boîte Beatles Only et remisé parmi les losers, les Mark David Chapman…

À bien des époques de ma vie, mes courses errantes m'ont ramené dans ce labyrinthe de malheurs. Je m'y trouverais encore aujourd'hui, si j'avais continué à croire que les possessions matérielles ou spirituelles pourraient changer les choses, si j'avais continué à croire que les publications auraient pu améliorer ma vie. « Tous ces livres accumulés vous ont laissé intranquille », me dit en janvier 2019 une libraire perspicace. Cesserai-je un jour de terminer ma journée ou de commencer la suivante par une boule dans le ventre, une boule dans la gorge et les yeux qui pleurent ?

Toute une vie ne suffirait pas à apprendre à vivre. Heureusement que nous en avons plusieurs.

Ce livre raconte une de mes vies : celle où je me suis retrouvé dans un labyrinthe de malheurs et comment j'en suis sorti.

C'est aussi ton livre, lecteur : tu es passé par le labyrinthe.

## Tu m'as donné de la crasse et j'en ai fait de l'or

Le 14 septembre 2017, sur les conseils de Yann Legendre, un ami dessinateur ayant un sens aigu des labyrinthes de la vision, je commande le livre *Masquerade* de Kit Williams. Je le reçois quelques jours plus tard. *Masquerade*, c'est l'histoire d'un lièvre qui doit transporter un trésor de la Lune au Soleil, et le livre se déroule sur quinze tableaux accompagnés de quinze petits textes très énigmatiques : arrivé au Soleil, le lièvre se rend compte qu'il a perdu le trésor, et c'est au lecteur de le localiser par des indices disséminés dans les tableaux des pages précédentes. Mais ce n'est pas dans un livre, c'est dans la réalité que le lecteur doit le localiser, Kit Williams ayant simultanément conçu un pendentif en or au motif de lièvre, l'ayant orné de bijoux et enterré dans un endroit tenu secret que les détectives amateurs mirent trois ans à retrouver (c'était à Ampthill, près de Bedford, à l'ombre de la croix de Catherine d'Aragon). Cependant le livre a survécu à son trésor et les images, pleines d'énigmes et de fausses pistes, se perdent désormais pour moi dans des zones où le jeu se teinte d'inquiétude. Quand le lièvre est caché dans le relief de la colline, ou quand un crapaud se déguise sous la forme d'un rocher, on n'est jamais très loin des frissons de terreur provoqués par certaines images d'Épinal, comme la découverte d'un visage de sorcière dans la coiffure d'une petite fille ou celle du dragon que le chevalier doit combattre dans sa propre cotte de mailles.

La tentation est grande de fonctionner avec la réalité comme l'enfant avec un livre de chasse au trésor, traquant les signes du joyau dans le moindre épisode de notre vie, un message caché dans le nom d'un magasin ou une direction dans le geste d'une actrice du film que nous sommes en train de regarder. Or, l'interprétation des signes est le plus souvent un symptôme de délire : paranoïa, érotomanie, dérive psychique. Ce n'est pas le fait de repérer des signes inscrits dans la réalité qui est délirant, c'est le sens qu'on peut leur donner lorsqu'on les fait dépendre de notre peur, de notre envie d'obtenir quelque chose et de notre illusion de grandeur. Le paranoïaque croit voir partout les signes de la manipulation des services spéciaux. L'érotomane pense que son amoureuse communique avec lui à travers les affiches qu'il peut apercevoir dans la rue. La personne en dérive psychique pense que les Anges lui indiquent le chemin vers son ascension messianique alors qu'elle s'enfonce dans les forêts de la folie.

Il y a bien des signes, mais nous ne devons pas nous tromper sur leur nature. Ceux-ci ne révèlent pas le tracé d'une harmonie secrète que le Démiurge nous laisserait entrevoir par tendresse à notre égard. Le Démiurge n'a aucune tendresse pour nous. Ils ne nous répètent pas, en boucle, que nos souhaits vont être exaucés. Nos souhaits ne seront pas exaucés. Notre vie n'a pas un sens qu'un Ange nous dévoile lorsque nous le lui demandons poliment. Cette vie n'a pas de sens. Ces signes sont plutôt les messages disposés par une divinité située à l'extérieur du labyrinthe de malheurs et qui essaie de communiquer avec nous. Elle essaie de nous passer en contrebande les informations qui permettraient de mettre fin à nos errances.

J'ai été très heureux entre 2000 et 2001. J'avais commencé à écrire ce qui allait être mon premier livre, et je me suis rendu compte que cette activité – écrire des essais – me passionnait. Ce que j'avais espéré précédemment – devenir un romancier – n'était plus aussi crucial pour moi. De même j'ai été très heureux entre 2009 et 2010, parce que, après la séparation d'avec Setsuko, qui avait été mon premier amour, et après un certain temps de tristesse, je me rendais compte que j'étais capable de plaire à des femmes que j'aurais été incapable de séduire auparavant. J'avais gagné en assurance, et surtout en détachement. Je n'y mettais pas la même maladresse comique (après cela, j'ai été très malheureux parce que je ne réussissais pas à rencontrer l'amour, mais on a compris que j'étais très doué pour me focaliser sur ce qui me manquait plutôt que sur ce que j'avais).

La découverte des textes de Nag Hammadi a été ma révélation. Celle-ci a eu lieu en été 2005, alors que j'étais en vacances chez mes parents à Genève. Mon deuxième livre (consacré à Frank Zappa) tout juste publié dans une indifférence presque totale, j'ai soudain reçu un coup de téléphone venant d'un numéro inconnu.

C'était Philippe Manœuvre. Je reconnus immédiatement sa voix aiguë et gouailleuse et son énergie phénoménale. La sortie de mon livre m'avait rappelé à son souvenir, car, toujours curieux de ce qui se publiait sur le rock, il avait lu quelques années auparavant mon essai sur le mythe de la mort de Paul McCartney. Il préparait un hors-série de *Rock & Folk* sur John Lennon et il me proposait de participer à cette publication. Comme, pour moi, il avait surtout été, avec Jean-Pierre Dionnet, le directeur de *Métal hurlant*, un magazine de bandes dessinées et de science-fiction que j'avais dévoré dans la bibliothèque de mon père, je lui proposai un essai sur John Lennon et Philip K. Dick. Manœuvre acquiesça avec enthousiasme, raccrocha, et je me jetai sur la bibliothèque de mon père pour lui emprunter *La Trilogie Divine* où, dans mon souvenir, les Beatles apparaissaient dans un contexte métaphysique.

Philip K. Dick raconte son « invasion divine » dans le roman *Siva*. Celle-ci a lieu le 19 février 1974, alors qu'il vient de se faire arracher une dent de sagesse. La jeune femme qui vient lui livrer l'analgésique buccal porte un pendentif au motif de poisson ; Dick lui demande la signification de ce motif, et, alors que la jeune fille répond : « C'est le symbole qu'utilisaient les premiers chrétiens », un rayon de soleil éblouit l'écrivain. À partir de ce moment, pendant deux mois, Dick entend une voix dans sa tête. Celle-ci lui explique qu'elle a auparavant habité un des disciples persécutés de Jésus, Thomas. Un jour, alors que Dick écoute « Strawberry Fields Forever » des Beatles, la voix lui révèle la maladie de son jeune fils Christopher, une hernie inguinale droite commençant à pénétrer son scrotum. Dick et sa femme Tessa, pris de panique, se rendent à l'hôpital. Le médecin confirme cette hypothèse. Il ajoute même que la vie de leur fils ne tenait qu'à un fil et qu'il aurait pu mourir d'un étranglement herniaire dans son sommeil.

Cette histoire, je l'avais lue pour la première fois à la fin des années 1980 dans une bande dessinée de Robert Crumb publiée dans le n°120 de *Métal hurlant*... Elle m'avait marqué, mais c'était une époque – l'adolescence – où je ne lisais pas beaucoup de livres, et encore moins de romans de science-fiction. Maintenant elle me revenait et me frappait par son caractère extraordinaire, et, en me plongeant dans des interviews de John Lennon comme dans des interventions publiques de Philip K. Dick, je compris qu'ils se considéraient l'un et l'autre comme des continuateurs des disciples « gnostiques » de Jésus : disciples dont, pour l'heure, je ne savais quasiment rien.

J'ai toujours été assoiffé. Étudiant en quête de réponses que personne ne semblait pouvoir me donner, combattant à la recherche de frères d'armes que je n'arrivais pas à trouver, mystique solitaire poursuivant une divinité que je puisse aimer sans honte, j'étais désormais un vieux garçon en mal de l'homme que je n'arrivais pas à être. Pendant des années, je croyais que mon bonheur dépendait de la publication d'un livre, de la création d'un groupe d'artistes ou de la rencontre de l'amour. En 2005, j'avais rencontré l'amour, j'avais fait partie d'un groupe, j'avais même publié deux livres. Mais rien à faire : j'étais assoiffé.

Comme dit Jésus en ouverture d'un des plus importants textes « gnostiques » : « *Que celui qui cherche soit toujours en quête jusqu'à ce qu'il trouve, et quand il aura trouvé, il sera dans le trouble ; ayant été troublé il s'émerveillera et il régnera sur le Tout.* » Alors que j'achetais l'Évangile de Thomas ainsi que *Les Évangiles secrets* d'Elaine Pagels, je devinais que rien ne serait plus jamais pareil. Je comprenais que c'était des textes « gnostiques » que je devais attendre les plus grandes choses, même si je ne savais pas encore ce que ces grandes choses pourraient bien être.

Dans leurs textes, les « gnostiques » se référaient sans cesse à l'anamnèse, c'est-à-dire au « souvenir de notre véritable nature ». Dans l'Hymne de la Perle, un jeune prince quitte l'Orient, sa patrie, missionné vers l'Égypte pour conquérir une perle enfouie dans la gueule d'un dragon. Le prince se dépouille de son manteau resplendissant, sa toge de pourpre, et arrive en terre d'exil comme étranger. Il essaie de passer inaperçu mais on le reconnaît. On lui fait alors absorber des nourritures qui obscurcissent en lui la mémoire de son origine. Il erre ensuite, ayant oublié et son origine et sa mission. Il devient un clochard, un abandonné. Puis vient un jour un aigle qui lui porte un message, signé de ses parents et de tous les nobles de sa cité. *« Réveille-toi et lève-toi de ton sommeil, entends les paroles de notre lettre : souviens-toi que tu es le fils d'un roi, vois désormais ton esclavage, rappelle-toi ton manteau resplendissant et ta toge de pourpre.* » Il se souvient de son origine comme de la perle pour laquelle il avait été envoyé en exil.

Jusque-là, j'avais considéré que seuls les poètes *savaient*. Nerval, Baudelaire, Rimbaud, Jarry, Artaud avaient été mes principaux repères. Mais je pressentais qu'il y avait forcément eu, sur la Terre, à un moment ou un autre, des personnes qui auraient pu me servir de guides pour mieux voir, mieux être, mieux faire, mieux savoir, mieux vouloir, mieux aimer, et surtout qui n'en auraient pas nécessairement souffert, qui n'en auraient pas payé la découverte par un sacrifice rendu à un monde ou un Dieu qu'ils jugeaient eux-mêmes détestable. C'était une des questions qui m'obsédaient le plus. Pourquoi les poètes les plus sublimes avaient-ils laissé ce monde les réduire en bouillie ? Ça n'avait pas seulement été le cas des poètes, mais aussi des comètes de la pop, de Jimi Hendrix à Kurt Cobain... Il y avait quelque chose d'abominable dans la façon non seulement dont ils étaient morts mais dont ils avaient vécu. Ils avaient regardé la Beauté dans les yeux, et on les avait crevés comme des porcs.

Comment pouvait-on avoir un pressentiment aussi fort de la Beauté et une expérience aussi tragique de cette vie ? Parler d'illusion au sujet du pressentiment de la Beauté était absurde, car il n'y a rien de plus illusoire que les ambitions profanes qu'on lui oppose : le fric ; la gloire ; la bouffe ; la baise sans amour. L'homme qui n'a poursuivi que son intérêt et a fait, pour cela, des choses détestables dans cette vie n'a pas besoin d'être envoyé en enfer. Il y est déjà. Seuls les êtres généreux sont susceptibles de voir la Beauté dans ce monde. Eux seuls sont capables de vivre une vie réellement poétique. Mais leurs espoirs sont sans cesse mis en pièces par la réalité. Leur joie de vivre se ternit à mesure que la vie s'acharne sur leurs rêves. L'idée – qui traversait les « enseignements gnostiques » – d'un conflit entre deux dieux, un Démiurge salaud et vulgaire, et une divinité faible mais entièrement bonne, me semblait la seule à prendre vraiment acte du fonctionnement injuste de ce monde.

Il me fallut plus de dix ans, de 2005 à 2015, pour assimiler la bibliothèque de Nag Hammadi, la Pistis Sofia, le *Codex de Berlin*, le *Codex Bruce*... J'arrêtais d'ailleurs de dire « gnostiques », terme péjoratif utilisé par leurs adversaires, pour utiliser le qualificatif Sans Roi, qui vient du grec *abasileus genea*, une notion qu'utilise Jésus dans plusieurs textes pour décrire ses interlocuteurs. Les Sans Roi sont des individus qui, non seulement refusent toute récupération politique de l'expérience spirituelle, mais, de plus, s'opposent à l'idée d'une divinité au caractère seigneurial. *« Je ne suis pas venu comme un seigneur mais comme un soutien. Je suis votre frère en secret »*, dit Jésus dans le Discours du Sauveur. Parmi les écrits Sans Roi qui ont eu la plus grande influence sur ma manière de vivre, il y a l'Évangile de Marie. Il aborde la question la plus importante : pourquoi, dans notre combat contre ce qui nous nuit, sommes-nous sans cesse en train de seconder notre ennemi ? Pierre, conformément aux inepties monothéistes, y voit la marque du péché, mais Jésus ne marche pas dans cette machination. *« Il n'y a pas de péché*, lui répond Jésus. *C'est vous qui faites exister le péché lorsque vous agissez conformément aux habitudes de votre fausse nature. Voici pourquoi vous êtes malades et pourquoi vous mourrez : c'est la conséquence de vos actes. Vous faites ce qui vous éloigne. »* Il n'y a pas de péché, mais il y a l'illusion de celui-ci. Il n'y a pas de faute que l'on doit expier, mais il y a l'illusion de notre malédiction initiale. Et cette illusion suffit à nous rendre malheureux et mauvais.

*« Ce que vous n'aimez pas, ne le faites pas »*, dit aussi Jésus dans l'Évangile de Thomas. Nous savons que nous aimons. Nous savons peut-être même ce que nous aimons et, parfois,

pourquoi nous l'aimons. Mais nous n'aimons pas tellement aimer ce que nous aimons. La preuve, c'est que nous n'y passons pas beaucoup de temps. Nous passons infiniment moins de temps à aimer ce que nous aimons qu'à ne pas aimer ce que nous n'aimons pas. Et ce temps nous indique que nous sommes loin d'aimer ce que nous aimons autant que nous n'aimons pas ce que nous n'aimons pas.

Nous aimons, mais nous n'aimons pas beaucoup aimer. Nous éprouvons un plaisir incroyablement plus intense à ne pas aimer ce que nous n'aimons pas plutôt qu'à aimer ce que nous aimons. Nous aimons énormément ne pas aimer. Nous avons avec ce que nous n'aimons pas une relation secrète qui est de l'ordre de la passion brûlante. Nous sommes tellement plus ardents à ne pas aimer ce que nous n'aimons pas qu'à aimer ce que nous aimons. Tous les jours, nous trompons ce que nous aimons avec ce que nous n'aimons pas.

Pourquoi ? Parce que les bons côtés des choses nous sont presque toujours invisibles, alors que les mauvais prennent systématiquement le dessus. Ils sont omniprésents dans notre réflexion. Dans nos âmes inassouvies, nos malheurs sont des superstars tandis que nos joies font office de figurantes.

Cela fait partie de la tournure bizarre de notre esprit. Ce qui nous arrive de bien nous semble, la plupart du temps, une évidence. Ce qui nous arrive de mal, par contre, fait toujours événement. Les accomplissements qui jalonnent nos vies ne nous inspirent que de l'indifférence, au mieux un peu de fierté si nous avons un caractère fanfaron. Nos échecs, eux, nous dévorent le foie. Même nos petits soucis entrent dans nos vies en conquérants. Ils terrassent de leur superbe le peuple de nos grandes joies. Nos malheurs sont nos dieux. Ce sont à eux, et non à Jésus ou au Bouddha, que nous devrions ériger des temples, puisque nous leur accordons tant de pouvoir. Ce sont eux que nous devrions prier.

C'est comique, mais quand même, il y a quelque chose de terrible là-dedans. Le fait que nous soyons vivants, par exemple, ne fait l'objet d'aucune espèce de reconnaissance de notre part. On balaie la vie avec un geste de dédain. On en connaît pourtant des paquets, des morts qui pourraient être jaloux !

La question de la santé n'apparaît pour nous que lorsqu'elle est mise en péril. Comme disait Cavanna à la petite Virginie : « *Qu'est-ce qu'il y a de mieux que la santé ? La santé retrouvée après la maladie.* » Seule la maladie nous fait prendre conscience de l'extraordinaire chance d'être en bonne santé. Quand nous allons bien, nous prenons toujours notre santé pour un acquis. Par contre, dès qu'une dent nous fait mal, on ne pense plus qu'à ça. Cette dent malade nous importe toujours plus que toutes celles qui vont bien. Cette dent malade est notre dieu. Il est temps de lui ériger son temple.

Ce que cette évidence aveuglante nous apprend, ce n'est pas que nous soyons heureux sans le savoir. Nous en sommes même très loin. Nous sommes très, très malheureux. La vie des hommes est un tissage d'inlassable malheur. Il y a ceux qui ont et ceux qui n'ont pas : de l'argent, du charme, une bonne santé, du talent, du cœur, de l'amour, des amis, etc. Ceux qui n'ont pas souffrent de ne pas avoir, mais ceux qui ont souffrent également. Ceux qui ont souffrent de ce qui leur manque, et, plus ils ont, plus ils ont l'impression de manquer. Il suffit de regarder leur bonne tête de perdant. Les riches se plaignent sans cesse de l'argent qu'il leur manque, et les tombeurs pleurent sur leurs occasions manquées. Ce monde, c'est l'enfer.

Ce que cette situation nous démontre, c'est que nous ne pouvons jamais tirer notre bonheur de joies déjà existantes. Les joies existantes n'interviennent pas dans notre psyché : elles ne font pas sens pour nous. Elles vont jusqu'à disparaître à nos yeux. Nous ne pouvons tirer notre bonheur que de la transformation de malheurs existants en joies nouvelles. Seule l'action transformatrice nous grandit et nous apporte de la joie.

Le bonheur n'est jamais acquis. Ce n'est jamais un état durable. C'est un moment. C'est l'instant de la métamorphose. Cela dure très peu de temps et c'est plus important que tout. C'est même parce que cela dure très peu de temps que c'est plus important que tout. C'est parce que ce n'est pas un état durable que c'est un état souhaitable. C'est d'ailleurs pourquoi les paradis sont tellement ennuyeux. Une éternité passée à se gaver de manne et à vivre dans l'harmonie n'a vraiment aucun sens. Un paradis qui dure toujours est chiant comme un dimanche après-midi qui n'en finit pas.

Le bonheur est dans la conquête. Le bonheur est dans le mouvement. Le bonheur est dans l'aventure extraordinaire de se sortir d'un coup, par un saut, une pirouette, un twist, d'un état de malheur. Et c'est pourquoi le bonheur devrait être une catégorie éthique : être heureux, c'est mettre en échec le Démiurge et sa machine à culpabiliser inlassablement l'humain. Être heureux, c'est s'extraire du cercle vicieux qui fait que nous sommes malheureux et que nous rendons d'autres gens malheureux à leur tour, ou que nous culpabilisons autrui du malheur dans lequel nous sommes tombés. Être heureux, c'est sortir du cycle infernal où nous faisons payer à des innocents les injustices dont nous sommes victimes.

Et le bonheur devrait être un projet politique. Puisque ni la fortune ni la célébrité ne rendent heureux, puisque tout le monde est toujours malheureux, sans cesse, inlassablement, être heureux, c'est montrer, d'abord et surtout, que le bonheur ne dépend que du regard que nous portons sur la réalité, et de la conduite de vie qui en résulte.

Le bonheur n'est pas une chose qu'on obtient. Le bonheur, c'est l'état dans lequel on se trouve lorsqu'on se relève et qu'on transforme quelque chose de mauvais en quelque chose de bien. *Le bonheur est un art de la guerre.*

Et c'est pourquoi le bonheur a besoin d'une stratégie. Comme dans *Les Trente-Six Stratagèmes* : « *Les mouvements des deux camps se répondent en symétrie jusqu'à ce que dans une faille apparaisse l'occasion.* » Le bonheur provient toujours d'une bataille gagnée contre le Démiurge et pour cela nous devons être sans cesse aux aguets. Un jour, une heure, une minute, apparaît l'occasion ; il faut s'en saisir : « *L'occasion est la rencontre du destin et de l'homme, et l'instant où se décident victoire ou défaite.* » (Tang Zhen).

D'un côté, alchimie : il s'agit de transformer la réalité en une réalité supérieure. Nous nous rendons heureux en nous sortant de l'état de malheur dans lequel la vie nous replonge toujours. Nous nous épanouissons en trouvant des clés pour faire sauter les verrous du labyrinthe de malheurs dans lequel nous sommes tombés.

De l'autre, anamnèse : il s'agit de retrouver notre véritable nature innocente masquée par les habitudes de notre fausse nature coupable. En transformant le malheur en bonheur, nous cessons de faire exister le péché et de nous éloigner : *nous faisons ce qui nous rapproche.* Et plus nous nous rendons compte de la distance, de l'*écart* entre ce que nous sommes et ce que nous vivons, plus nous nous sentons encouragés à transformer nos vies. Le bonheur est dans ce que nous sommes capables de faire de ce que nous donne le monde.

Sans malheur, pas de bonheur. Le bonheur n'est pas le contraire du malheur : il n'a pas un autre goût, une autre odeur, une autre texture. Il est indissociable du malheur dont il dépend et qui est comme la matière du sol sur laquelle il a pu pousser : le premier est l'engrais du second. Seul l'homme le plus triste au monde peut goûter à la véritable joie. Seule la femme la plus malheureuse peut sourire parce que soudain un rayon de lumière vient éclairer son regard. Le bonheur, c'est du malheur converti, transmuté, métamorphosé.

Toute une vie ne suffirait pas à apprendre à chérir le malheur. Non pas en tant que pénitence pour nos péchés mais en tant que matière indispensable à l'édification de notre bonheur. Et toute une vie ne suffirait pas à apprendre à reconnaître dans nos peines le prologue de nos joies. C'est-à-dire à les aimer, parce que leur présence rend les joies qui suivent plus intenses. Le bonheur tient dans notre capacité à transformer l'enfer en paradis. *Tu m'as donné de la crasse et j'en ai fait de l'or.*

Cette formule m'est venue comme un talisman, en fin de paragraphe d'un texte, il y a plusieurs années. C'était dans un petit essai sur les Wodaabe, une tribu du Niger. J'y décrivais leur fête annuelle qui dure six jours et six nuits à la fin de la saison des pluies. Les plus beaux danseurs de la tribu, maquillés, costumés, debout sur la pointe des pieds, les yeux écarquillés et souriant magnétiquement, rivalisent de grâce devant un jury composé des plus belles filles de la tribu. Baissant les yeux avec pudeur, les filles élisent les danseurs qui leur plaisent pour qu'ils passent la nuit avec elles.

Je disais que cette fête n'aurait pas le même sens si les costumes n'étaient pas faits par les Wodaabe sur une année entière, travaillant leurs parures, les confectionnant soigneusement avec des matériaux de fortune : des calebasses devenant des couronnes et des objets trouvés dans les décharges se transformant en joyaux. Leur maquillage : du beurre étalé longuement et minutieusement comme fond de teint ; les yeux, les lèvres et les sourcils rehaussés au charbon ; parfois même la poudre du visage était produite par des piles électriques lentement pilées. Et j'en arrivais à cette conclusion : ce n'est pas l'homme qui est beau. Ce qui est beau, c'est sa tension vers un instant de grâce qui fait de lui un être céleste. *Tu m'as donné de la crasse et j'en ai fait de l'or.*

Cette formule, je savais qu'elle n'était pas de moi mais d'un autre. Elle était la conjuration absolue du malheur. La rencontre du poétique, de l'écologique, de l'alchimique et du politique. Elle pouvait être le résumé de toute une vie. Je croyais qu'elle était de Baudelaire. Et je ne la vérifiai pas. Je la laissai telle quelle dans le texte. *Tu m'as donné de la crasse et j'en ai fait de l'or.*

Je me trompais et je ne me trompais pas. C'est dans l'« Ébauche d'un épilogue pour la deuxième édition des *Fleurs du mal* », un poème inachevé de 1861, qu'apparaît sa « grande sœur ». Baudelaire s'adresse à Paris (*« Tes bombes, tes poignards, tes victoires, tes fêtes, tes faubourgs mélancoliques, tes hôtels garnis, tes jardins pleins de soupirs et d'intrigues »*) et il lui dit : *« J'ai fait mon devoir comme un parfait chimiste et comme une âme sainte. Car j'ai de chaque chose extrait la quintessence. Tu m'as donné ta boue et j'en ai fait de l'or. »*

Baudelaire écrit : *« Tu m'as donné ta boue et j'en ai fait de l'or. »* Pas la crasse. Mais si Paris donne sa boue au poète, le Démiurge donne du déchet à tout le monde... Notre vie est une suite continuelle de crasses que nous ne devons pas subir mais transformer. Si nous n'avions pas de crasse à transformer, nous ne serions peut-être pas malheureux, mais nous ne serions certainement pas heureux. La condition du bonheur est la transformation de la crasse.

En 2002, j'avais été très malheureux parce que j'attendais que mon livre soit publié, et que mon éditeur prenait son temps. Mais l'état de mélancolie criminelle dans lequel m'avait plongé ce malheur m'aura appris davantage que tous les bonheurs de publications que je pus avoir par la suite. Jamais je ne voudrais revivre ce moment où j'ai cru que j'allais devenir un autre Mark David Chapman, mais jamais je ne voudrais ne l'avoir pas vécu. Ce moment m'a plus appris pour la suite de ma vie que l'écriture de mon premier livre. « Ne suscite jamais un Mark David Chapman chez autrui » aurait pu devenir, je crois, mon impératif moral ; mais aussi : « Ne te crois jamais d'une autre espèce que lui ; ne te pense jamais d'une meilleure nature. » Si je ne suis pas capable de voir dans les plus repoussants des humains (envieux et méchants, tristes et minables) mes frères immédiats, et ceux à qui je devrais être toujours capable de me référer, ceux qu'il faudra toujours aider – dans la mesure du possible – à s'extraire du labyrinthe de malheurs, alors c'est qu'il y a quelque chose d'incomplet dans ma philosophie.

On dit souvent qu'on apprend plus de nos échecs que de nos victoires. C'est vrai : ma crainte de devenir un « tueur de stars » m'a appris davantage que toutes les joies croisées à la même époque. De même, en 2009, lorsque Setsuko me quitta, l'état de faiblesse dans lequel cette rupture me laissa me rendit sensible à des « signes » aussi néfastes qu'ils furent ensuite instructifs.

Pendant plusieurs jours, j'eus l'impression d'avoir le dos bloqué, la nuque, les épaules… Le matin après son départ, j'étais tellement coincé que je dus ramper du lit jusqu'à la douche où je me hissai par la force des bras, en tirant sur le rideau… Je croyais que je m'étais fait des crampes en portant des sacs lourds et le kiné que j'allais voir me cita le mot chinois : *Lorsque le sage montre la Lune, l'idiot regarde le doigt.*

Oh, well. Notre vie, c'est la vie de tous les hommes et de n'importe qui. Notre objectif, c'est de réussir à nous *défaire* – pour nous comme pour tous les autres – de toutes les conneries inutiles pour nous concentrer sur l'essentiel : arrêter la machine à faire souffrir, faire cesser le cycle inexorable des injustices couronnées et des saloperies récompensées. Être heureux sans rendre malheureux personne, être heureux précisément de ne rendre malheureux personne.

Cela, nous seuls pouvons le faire. Aucun dieu ne pourra nous aider dans cette tâche. Il ne faut pas souffrir dans cette vie pour être justifié dans la suivante. Il faut cesser de souffrir et de faire souffrir dans cette vie pour atténuer la souffrance de tous dans toutes les autres vies. Il n'y a pas de sacrifice et de rédemption : c'est une arnaque stupide venue de tous les oppresseurs. Aucune raison de faire le martyr, que ce soit pour les autres ou pour nous. Tout appétit du martyre relève du masochisme ou de l'erreur d'interprétation. Il faut être heureux et rendre heureux. Mais la seule chose qui rende heureux, c'est de transformer le malheur en *quelque chose d'autre*, pour nous comme pour les autres. Le bonheur tient à toutes ces fois où notre conscience coupable nous tombe dessus pour nous rendre malheureux et où nous esquivons ses coups et la mettons en boîte ou la menons en bateau.

C'est le nom du premier stratagème des guerriers chinois : *Man tian guo hai*, *« Mener l'empereur en bateau »*. Le tromper et lui faire traverser la mer. L'empereur Taizong avait lancé une expédition pour pacifier le Nord-Est. Les opérations exigeaient le passage d'un bras de mer et, arrivé sur la côte, l'empereur vit avec crainte l'étendue mouvante des eaux. Effrayé et effaré, il refusa la traversée. Son état-major eut alors recours à un stratagème : on fit boire l'empereur et on l'invita dans une « maison flottante ». C'est seulement redevenu sobre que Taizong comprit que sa « maison flottante » était en réalité un bateau et qu'on lui avait fait traverser la mer. Il faut faire la même chose avec notre « conscience coupable ». Il faut la distraire, l'empêcher d'agir sur notre présent et de « jouer » contre nous. Notre conscience est l'alliée inconsciente du Démiurge. Il lui a lavé le cerveau avec ses histoires de péché et de faute transmise de génération en génération. Face au Démiurge comme à tous les dieux de malheur, la seule chose qui rende heureux, c'est de pouvoir dire : *Tu m'as donné de la crasse et j'en ai fait de l'or.*

## Le bonheur est un art de la guerre

Jeune homme, j'étais loin d'en savoir aussi long sur les choses de la vie. Au cœur de tous mes problèmes, il y a longtemps eu mon manque d'assurance envers les femmes. J'avais des troubles de l'érection. Lorsque j'étais en face d'une femme que je désirais, je perdais mes moyens, je tremblais comme un gosse, je pleurais comme un veau, je suais comme un porc, je me morfondais comme un vieux. Ce que je ne comprenais pas du tout, c'est pourquoi, lorsqu'il n'était pas question de faire l'amour, je bandais comme un âne, et une fois au lit, prêt à y aller, mon sexe se rétractait et se faisait tout petit, comme s'il essayait de disparaître craintivement sous mes poils.

C'est une des choses dont on a le plus de mal à parler en tant qu'homme. Tous les hommes aiment à parader comme des coqs. Tous les hommes aiment à faire croire aux autres hommes que les femmes sont folles d'eux, qu'ils sont pour elles le meilleur amant du monde, qu'ils les font jouir de façon extraordinaire, qu'elles s'attachent à eux comme des dingues, qu'elles les vénèrent comme des dieux. La vérité est tout autre. Tout homme peut être le meilleur amant du monde dans les bonnes conditions. Tout homme peut être le plus mauvais coup dans d'autres.

C'était le cas avec une de mes premières petites amies, en avril 1997. Anastasia était un peu plus âgée que moi – pas de beaucoup, cinq ou six ans –, mais ça suffisait à en faire une femme « inatteignable », inespérée, voire carrément sublime à mes yeux. C'était une Russe de Saint-Pétersbourg. Elle était poète, cultivée, joyeuse, tragique, sexy et elle avait travaillé dans le théâtre. Je l'avais rencontrée par une amie russe qui était en école de cinéma avec moi. Anastasia était pour quelques semaines à Paris, je m'étais rendu à un dîner avec elle et ma condisciple, et le soir de notre rencontre, elle riait et rougissait comme une petite fille à chaque fois que je disais des bêtises. C'était un choc, et j'étais bouleversé de lui plaire. Quand Anastasia me parlait, je bandais immédiatement. Je me souviens même d'un soir, devant un concert, assis dans la salle, où elle me roula une pelle et plongea soudain sa main dans mon pantalon pour attraper ma bite qui devint aussitôt dure comme une barre de fer. Cependant, une fois seuls, alors qu'Anastasia baissa mon froc pour me sucer, ma bite rétrécit automatiquement et je me mis à suer et à ventiler atrocement : un cauchemar. Et je me souviens des heures qui suivirent ce cauchemar comme de véritables moments de torture, avec migraine, spasmes, malaises…

Elle fut longue, la route pour devenir l'homme que je voulais être une fois *« entré dans la chambre nuptiale »*, comme dit Jésus dans l'Évangile de Philippe. En janvier

1999, abattu par les prodiges d'humiliation que produisaient mes inhibitions répétées lorsque je me retrouvais très nul devant la femme que je désirais, après une énième non-bandaison absolument cauchemardesque qui se conclut par une paralysie de tous mes membres et l'impression de carrément me transformer en cadavre, j'entrai dans le cabinet du docteur Richard – mon premier psy.

Le docteur Richard était situé rue Joubert dans le quartier de la Chaussée-d'Antin. Dans mon souvenir, toute la rue a l'air toc. Elle est complètement vide, avec deux, trois putes qui font le trottoir en grillant clope sur clope et en claquant des talons ou en secouant leurs sacs à main. Une grande blonde avec des jambes, des cheveux, des seins et des fesses incroyables, et qui aurait été très excitante si elle ne respirait pas autant la souffrance et le vieillissement prématuré. Et une petite noire toute ronde, probablement antillaise, avec un maquillage fantaisie (paupières vertes, lèvres roses), des costumes panthère et qui avait toujours l'air de bonne humeur. Je ne revois quasiment aucun client dans cette rue : jamais. Dans mon souvenir, toute la rue est vide, mis à part Le Petit Caporal, le bar à côté de l'immeuble où siège le docteur Richard et où je vais boire mon café avant la séance (clairement : en y retournant aujourd'hui et en recoupant les documents d'époque que je suis susceptible de trouver, je me rends compte que ma mémoire a artificiellement vidé la rue).

Le cabinet du docteur Richard est spécial. Il manifeste une obsession pour le domaine de la navigation. Il ressemble à Bruno Ganz, se promène pieds nus dans des mocassins de bateau été comme hiver et porte un catogan.

Il y a une maquette de bateau dans la salle d'attente, des images de mer aux murs, et même deux transats face à face dans son bureau. En outre, il est très antipathique. Il est autoritaire et brutal, et ne semble pas capable d'empathie.

Mais je m'en fous. Je suis venu pour une raison, les troubles de l'érection, et, dès la première séance, je balance tout.

— Vous savez, très souvent, le jour où on commence une analyse, ça change, tout ça. Vos problèmes d'érection, ça risque de bouger, me dit Richard avant la fin de la séance.

En effet, ça bouge. Le 23 février 1999, je sors avec Joséphine, une fille que je connaissais peu mais qui me plaisait bien, une poétesse brune un peu enfantine avec qui j'arrive à faire l'amour dès notre premier soir ensemble, sans problème, et ensuite à loisir, bandant sans la moindre difficulté. Le problème, par contre, c'est que désormais j'ai du mal à m'attacher. Une fois que j'ai réussi à baiser, j'ai du mal à aimer.

Au bout de quelques mois, je me rends compte que je ne suis pas amoureux de Joséphine. Et Richard me saoule. J'arrête mon analyse. Les problèmes apparents sont réglés, je ne me méfie pas de causes plus profondes qui pour l'instant ne se manifestent pas.

C'est pourquoi les difficultés reviendront plus tard, à mesure que je hausserai la mise sur l'échelle de risque de la relation. Quand je serai amoureux, j'aurai infiniment plus de mal à bander que lorsque je ne suis pas amoureux. Ce qui m'amènera ensuite, dans mes années d'adulte, à des stratégies très compliquées, des opérations mentales acrobatiques où je jouerai à croire que je ne suis pas amoureux de la fille à qui je fais l'amour, voire que je m'en fiche un peu, des systèmes de détachement très artificiels et un peu difficiles à articuler : tout simplement pour ne pas perdre mes moyens et continuer à assurer au lit. Hélas, le sexe est toujours plus ou moins une affaire de stratégie pour ne pas laisser un ennemi intérieur nous empêcher de vivre ce que nous avons envie de vivre. Il est rare qu'un homme intimidé soit capable d'assurer. Et si la personne avec qui nous sommes ne nous donne pas l'assurance dont nous resentons le besoin, alors il faut nous la construire nous-mêmes. Si *aimer ce qu'on aime* est la première étape pour cesser d'être malheureux, *vouloir ce qu'on veut* est la deuxième, et celle-ci représente un saut qualitatif de grande ampleur. Ce n'est pas facile d'aimer ce qu'on aime ; c'est très difficile de vouloir ce qu'on veut.

Bien sûr, un truc qui rend complètement obsolète la question de bander ou pas, c'est de se concentrer entièrement sur la jouissance de l'autre, de se « brancher » sur le rythme sexuel qui se met en route, de se fondre dans l'ambiance, de faire Un avec la jungle de l'atmosphère, l'odeur de fauve de l'instant. C'est une sorte d'ivresse, un envoûtement volontaire : on se fond intégralement dans une sexualité qui n'est plus une affaire de personnes, on fusionne nos désirs et on se met à vivre dans un espace transformé par le sexe. On se met même à bouger dans une autre temporalité. Le rythme devient totalement musical, et les odeurs même ont une texture sonore. Dès que *tout devient sexe*, bander n'est plus du tout un problème. On bande, pour ainsi dire, à volonté. On bande en poète, « à la diable ».

Mais tout n'est pas réglé pour autant. Le problème, à partir de ce moment, c'est ce que l'autre va faire de son désir comme de notre amour. La très grande difficulté, c'est d'être deux et non trois ou quatre dans la chambre nuptiale : celui qui aime, celui qui baise, celle qui baise, celle qui aime. Ça n'arrive presque jamais. On est presque jamais tranquille. Pourquoi ? Parce qu'il y a toujours au moins un des deux qui ne veut pas ce qu'il veut, et peut-être même qui n'aime pas ce qu'il aime.

On a souvent représenté les « démons de l'homme » sous la forme de bêtes extérieures à celui-ci : des goules, des vampires, des monstres, des zombies... Face à ça, les petits malins ont pu dire : ce sont des métaphores ; il s'agit en réalité d'un démon intérieur, l'inconscient, ou la pulsion. Mais je ne suis pas du tout sûr de ça. Et si c'était l'inverse ? Et si tout ce qui nous nuisait était, en fait, *extérieur* à nous et *installé* en nous comme une sentinelle du mauvais Démiurge ? Et si tous nos ennemis intérieurs étaient en réalité les formes prises par un seul et unique ennemi extérieur ?

Alors, ce sont les Sans Roi qui ont raison et non les chrétiens. Alors c'est Jésus et non Pierre qui sait de quoi il s'agit quand il dit qu'il n'y a pas de péché en dehors de celui que nous faisons exister en agissant conformément aux habitudes de notre fausse nature. À la différence des chrétiens qui voient dans le malheur des hommes la conséquence d'une faute qu'ils ont commise par l'intermédiaire d'un membre très éloigné de leur famille (le stupide péché originel d'Adam et Ève), les Sans Roi parlent, eux, d'une *« âme adventice »*.

Le terme est de Basilide, un Sans Roi né à Alexandrie au IIe siècle. Pour Basilide, de même qu'il y a, lorsqu'on invoque Dieu, un faux dieu qui apparaît, le Démiurge, il y a, lorsqu'on écoute notre cœur, une fausse âme qui nous dicte des passions destructrices ou des interdictions mortifères. Et cette fausse âme, c'est l'*« âme adventice »*. Dans la notion de péché, il y a toujours la volonté de transformer les innocents en coupables. Dans celle de l'âme adventice, il y a la volonté de rappeler aux hommes leur innocence originelle. Mais il y a aussi le fait que notre vie est une guerre de tous les instants pour que notre âme regagne la souveraineté sur ses actes. Il ne s'agit plus de souffrir et d'expier ; il s'agit de vivre en conformité avec les principes. C'est ça, la Guerre de l'âme. Et dans celle-ci, nous ne sommes coupables que d'une seule faute : celle de ne pas savoir écouter notre vérité à tous les instants. Alors qu'elle ne cesse de nous parler, nous préférons écouter nos mensonges.

Pourquoi ? Peut-être parce qu'il est plus simple pour nous de répéter inlassablement les mêmes erreurs et de nous retrouver inéluctablement de retour à la case départ que de modifier un des paramètres initiaux et de nous retrouver à véritablement vouloir ce que l'on veut lorsque nous nous retrouvons dans une situation de désir. Si nous sommes si obsédés par le fait de pouvoir aimer une personne et en désirer une autre, ou de désirer profondément une personne qui nous veut du mal, c'est que nous nous savons profondément minés par une âme adventice qui nous fait vouloir ce que nous ne voulons pas et auquel nous nous sentons presque étrangers, dont nous sommes embarrassés comme un poisson d'une pomme.

Notre vie est la description d'une guerre entre deux âmes. La guerre se joue à la fois dans notre vie quotidienne et dans l'histoire de l'humanité, dans le champ spirituel et dans le champ politique, autour de nous et en nous, contre des ennemis matériels et contre des ennemis immatériels. C'est pourquoi la sexualité est un extraordinaire terrain de connaissance pour la Guerre de l'âme. Ce que nous devons y apprendre pour que notre âme véritable prenne le dessus sur notre fausse nature, c'est pourquoi notre ennemi gagne et comment il pourrait perdre. L'âme adventice, c'est un esprit installé en nous qui se fait passer pour cette partie de nous-mêmes qui se tirerait systématiquement une balle dans le pied et nous en rendrait toujours responsables ensuite.

L'âme adventice, c'est la responsable du traumatisme originel qui se perpétue dans tous nos actes. C'est le fait qu'un enfant maltraité ira, adulte, plus facilement dans les bras d'un salaud que dans ceux d'une personne honnête. L'âme adventice, c'est ce qui nous fait admirer les hommes de pouvoir uniquement parce qu'ils ont du pouvoir, et craindre les salauds uniquement parce qu'ils sont salauds. C'est le fait que nous supportons toute notre vie les brimades d'un patron sadique et que nous lui trouvons des excuses alors que nous n'en trouvons aucune à notre collègue médiocre qui fait de temps en temps des erreurs à la suite de ces brimades. C'est enfin le fait que nous reproduisions les maux que nous avons subis sur les personnes qui nous aiment.

Notre vie est la description d'une guerre contre une partie de nous-mêmes qui n'est pas nous. Et ce que cette dernière essaie de nous faire croire, c'est également le mythe que *« seuls les salauds gagnent »* et que *« les bons seront toujours perdants »*, ce serinage incessant inventé pour enténébrer notre cœur, que ce soit par le cynisme ou par la dépression. Cette idée engendre le cynisme si ce mythe nous rend salauds ; elle engendre la dépression si ce mythe nous remise, par le désir de rester honnête, dans le camp des perdants. Tous ces effets collatéraux de notre traumatisme premier, toute cette compulsion à répéter le malheur subi sont les effets de la présence de cette âme adventice. Alchimie, anamnèse : toute une vie ne suffirait pas à nous apprendre à vivre.

L'Exégèse de l'âme, un texte retrouvé dans la bibliothèque de Nag Hammadi, décrit l'apparition de l'âme sur la Terre, violée, humiliée et abusée : *« Lorsqu'elle tomba dans un corps et vint en cette vie, l'âme tomba au pouvoir de nombreux brigands, et les violents se la passèrent l'un à l'autre et la souillèrent. »* Toutes les âmes sont d'abord victimes de la violence du Démiurge et de ses archontes, et leur désorientation est la conséquence de ce traumatisme initial. Ce que Basilide ajoute, c'est qu'elles ne sont pas même libres dans la suite de leur vie, mais sans cesse manipulées et trompées par l'âme adventice qui essaie de les convaincre de prendre le parti de leurs agresseurs.

Ce serait beau si nos malheurs ne provenaient que de la malveillance des autres gens. Ce serait beau si nous n'avions à nous soucier que des actions mauvaises des ennemis extérieurs. En réalité, notre vie est, en permanence et avant tout, une guerre contre ce qui en nous est complice de ce qui nous nuit. Notre vie est une guerre contre cette âme infiltrée en nous qui ne cherche qu'à vampiriser notre puissance par le cynisme et vaporiser notre volonté par la dépression. Et si le bonheur est un art de la guerre, alors, comme toute authentique discipline artistique, cet art s'apprend. Il ne nous tombe pas tout cuit dans la bouche ; nous devons faire un effort pour le comprendre et le mettre en pratique. L'art du bonheur nous est d'autant moins évident que : le mauvais Démiurge ne nous aime pas ; nos parents n'ont, la plupart du temps, pas su nous aimer ; presque toujours, nous cherchons l'amour auprès de personnes qui ne peuvent pas nous le donner… L'art du bonheur nous est d'autant moins simple à comprendre que nous sommes tombés dans un monde qui est une prison de mort et que nous y sommes entourés de gens aussi infoutus que nous d'agir conformément à leurs principes comme à leurs désirs. Enfin, à ajuster les deux pour ne faire qu'une seule volonté.

Si nous ne nous battons pas contre l'âme adventice, celle-ci gagne du terrain. Si nous ne sommes pas constamment aux aguets, alors elle s'infiltre, s'installe et finit par occuper tout notre domaine. Exactement comme les crapules qui nous dirigent et ceux qui les combattent, exactement comme les libérateurs et comme les tyrans, nous devons dès lors étudier les règles de la stratégie militaire et les adapter à cette guerre contre l'âme adventice, à laquelle nous sommes voués depuis toujours. Et, dans *L'Art de la guerre*, Sun Tse explique au guerrier que celui-ci, lorsqu'il entreprend un combat, ne doit jamais perdre de vue la Doctrine, le Ciel, la Terre, le Général et la Discipline.

La Doctrine, c'est l'unité de pensée qui nous rend à la fois intrépides et inébranlables dans les malheurs comme devant la mort. On peut en déduire qu'une pensée confuse nous rend extrêmement perméables à l'avancée de l'ennemi. Une pensée confuse nous rend faibles et influençables. Les porosités de notre conception de la vie y sont alors si nombreuses que l'âme adventice s'y infiltre comme de l'eau. Elle est susceptible de nous suggérer toutes les complaisances possibles et toutes les lâchetés imaginables. Je ne compte pas les fois où, par pure morbidité, j'ai préféré voir quelque chose que je n'aimais pas pour le plaisir de ne pas l'aimer (un youtubeur débile, un extrait d'une émission télé pourrie) plutôt que de me concentrer sur quelque chose que j'aimais. Ça n'a l'air de rien, mais ça pollue. Toute minute que nous accordons à Ruquier est une minute que nous retirons à Tolstoï. C'est aussi ça, ne pas aimer ce qu'on aime ni vouloir ce qu'on veut.

Vouloir ce qu'on ne veut pas ou ne pas aimer ce qu'on aime est au cœur du film de Laurel et Hardy *Big Business*, que Delfeil de Ton, dans *Les Lundis de Delfeil de Ton*, considère comme le plus grand film de toute l'histoire du cinéma (si quelqu'un a le droit de dire quel est le plus grand film de toute l'histoire du cinéma, c'est bien Delfeil de Ton). Dans *Big Business*, Laurel et Hardy vendent des arbres de Noël au porte-à-porte. Ils déboulent chez Finlayson. Finlayson ne veut pas de leur arbre et claque sa porte. Le problème, c'est que l'arbre reste coincé dans la porte. Ils sonnent. Finlayson refuse à nouveau et reclaque la porte, trop vite pour que Laurel ou Hardy ait eu le temps de déplacer l'arbre qui est resté coincé. Après plusieurs péripéties, Finlayson s'énerve vraiment et découpe leur arbre au sécateur. Laurel et Hardy sont dépités, énervés, et commencent à s'attaquer à la porte de Finlayson qu'ils taillent au couteau. Finlayson s'en prend à la montre à gousset de Hardy. Hardy réplique en arrachant la sonnette de Finlayson. Finlayson répond en découpant la cravate de Hardy. Finalement, Finlayson détruit la voiture de Laurel et Hardy avec tous ses arbres de Noël, et Laurel et Hardy dévastent le jardin de Finlayson et mettent en pièces sa maison. C'est anormalement drôle, mais ce qu'il y a de plus drôle (et de plus anormal), c'est que ni Laurel, ni Hardy, ni Finlayson n'ont la moindre attention pour leurs propriétés. Aucun ne préserve ses affaires. Lorsque les uns cassent quelque chose, l'autre réfléchit à ce qu'il pourrait casser en retour, et réciproquement. Aucun n'aime ce qu'il aime ou ne veut ce qu'il veut ; ce qu'ils veulent tous, c'est casser les affaires de l'autre. À la fin, tout est cassé.

Il faut que notre vie participe d'abord de ce que l'on chérit. Idéalement, nous devons avoir une pensée vaste, qui embrasse tout, qui soit capable de comprendre et d'aimer tout, mais, à défaut de cette capacité pleinement déployée, nous devons accepter nos limites, et les connaître comme telles. Mieux vaut une pensée limitée mais offerte à ce qu'on aime qu'une pensée vaste mais confuse. Nous devons aimer ce que nous aimons davantage que nous aimons ne pas aimer ce que nous n'aimons pas. Nous devons vouloir ce que nous voulons davantage que nous voulons ne pas vouloir ce que nous ne voulons pas. C'est ça, la Doctrine.

Le Ciel pour Sun Tse, c'est la connaissance des principes Yin et Yang, le fait qu'ils s'unissent ou s'opposent pour produire le froid, le chaud ou les perturbations de l'atmosphère. Traduit pour nous, le Ciel est la connaissance des règles du jeu. Tant qu'on n'a pas repéré par quels chemins la détresse s'insinue dans notre appareil psychique, nous ne serons pas capables d'empêcher son retour à notre premier moment de faiblesse. Jésus « *savait lui-même ce qu'il y avait dans l'homme* », dit l'Évangile de Jean. Le Ciel, c'est le fait que, tout merdique soit-il, ce labyrinthe dans lequel nous retombons répond à des règles, et ces règles peuvent être connues.

La Terre, explique Sun Tse, c'est la connaissance des particularités du terrain : le haut et le bas, le proche et le lointain, ce qui est permanent et ce qui n'est que temporaire. Quelles que soient notre connaissance des principes et l'unité de notre pensée, la vie ne cesse de changer selon le temps et le lieu, et il faut saisir ces changements et nous y adapter si nous ne voulons pas périr. Mais plus nous tentons de nous améliorer, plus les possibilités de nous détourner de notre chemin de libération se renouvelleront. L'âme adventice ne chôme pas. Les « règles du jeu » d'une période, que nous avons apprises et que nous avons éventuellement détournées, ne seront pas celles de la suivante. Révolution veut dire une chose dans la bouche des révolutionnaires du XVIII^e^ siècle ; elle veut dire autre chose dans celle des présidents de la III^e^, de la IV^e^ ou de la V^e^ République. La Terre, c'est la règle qui veut que les armes pour combattre son époque soient celles que l'époque suivante utilisera contre nous ; la règle qui veut que les adversaires de notre temps utilisent le vocabulaire des héros du précédent. La figure de Jésus est un modèle d'émancipation, de vie accomplie et généreuse, chez les Sans Roi. Elle se transforme en culte grotesque pour un dieu crucifié culpabilisateur chez les chrétiens ; elle justifie les crimes du catholicisme inquisiteur et les tristesses du protestantisme. Le théâtre est un art populaire et potentiellement très subversif dans l'Angleterre shakespearienne du XVI^e^ siècle, il est le lieu de la magie pratique et de la conscience des cycles cosmiques ; il devient un passe-temps de bourgeois cons et vulgaires dans le XVIII^e^ siècle voltairien ou le XIX^e^ siècle de Feydeau. L'humour bête et méchant est une arme efficace contre les oppresseurs à l'époque du professeur Choron, de *Hara-Kiri* et de Coluche, il tranche d'un coup de sabre les conneries de la France pompidolienne ; mais il se transforme en arme contre les opprimés à l'époque du Splendid et en monnaie de singe politique aujourd'hui.

Le Général, écrit Sun Tse, c'est « *l'amour pour tous ceux qui sont nos subordonnés et pour tous les hommes en général, la science des ressources, le courage et la valeur* ». Le Général, pour nous, ce sera le cœur, qu'on ne doit jamais oublier au milieu de l'édification de nos stratégies et des murailles de protection que nous avons érigées contre nos ennemis. Ce Général qui ne perd jamais de vue l'enfant que nous avons été et l'amour ou l'innocence qu'il portait en lui. Très souvent, à force de se battre, un guerrier finira par aimer la guerre pour elle-même et oubliera que la raison pour laquelle il avait décidé de se battre initialement, c'était l'amour et la justice ! Partant, il a perdu l'essentiel. Il n'est plus qu'un affamé, un fantôme, un *prêta*. On le remisera parmi les ombres.

Et pour finir, Sun Tse évoque la Discipline... La Discipline est à la fois le plus évident des points évoqués par *L'Art de la guerre* et le plus difficile à mettre en pratique. La Discipline, c'est notre travail de tous les jours, notre *yoga*, notre méditation, notre activité quotidienne résultant des quatre autres éléments. La Discipline, c'est le régime, l'exercice, le fait de répondre à notre courrier et de ne pas nous négliger, ni physiquement ni moralement. C'est le coup de téléphone à notre mère, les croquettes du chat, le fait de nous brosser les dents tous les jours et de nous laver les cheveux. C'est la cuisine, la vaisselle, le ménage, le soin du corps. C'est aussi notre post régulier sur Facebook.

La Discipline, c'est le fait que, à n'importe quel moment du jour ou de la nuit, nous devons être prêts. Comme dans la chanson de John Lennon « Beautiful Boy » : La vie, c'est ce qui arrive quand on est occupé à planifier autre chose. Nous devons être prêts. Et, pour nous, devoir être prêts signifie tout simplement *« être là »* : pour recevoir les signes et être capable de les comprendre. Être, à chaque instant, dans ce que les Sans Roi appellent le Royaume : *« Si ceux qui vous guident affirment : voici, le Royaume est dans le Ciel, alors les oiseaux en sont plus près que vous ; s'ils vous disent : voici, il est dans la mer, alors les poissons le connaissent déjà. Le Royaume : il est à l'intérieur de vous et il est à l'extérieur de vous. Les disciples lui disaient : Le Royaume, quand viendra-t-il ? Jésus répondit : Ce n'est pas en le guettant qu'on le verra venir. Le Royaume est répandu sur toute la terre et les hommes ne le voient pas. »*

J'ai souvent croisé le Royaume. Je me suis souvent tenu à sa porte sans oser y entrer. Ainsi cette matinée parisienne, en avril 2000, où j'ai retrouvé l'amie de mon amie que j'avais promis d'accompagner à une exposition station Saint-Paul. C'était bien trop tôt, la galerie était encore fermée et Lili et moi avons erré dans le Marais. C'était une des premières fois où le quartier s'ouvrait à moi comme un véritable terrain de jeu.

Là, Lili, qui a vécu dans le Marais de un à quatre ans avant de partir à Dijon, me dit : « J'aimerais bien retrouver le square où j'allais jouer enfant, mais comment… Je ne me souviens que d'un grand kiosque au centre. » Et puis :

— Enfants rouges, dit Lili comme prise par des assauts de mémoire, il y avait une histoire d'enfants rouges…

Nous errons et trouvons : l'immeuble, avec la grille et la cour, au numéro 90, et Lili commence à dire, comme une incantation : « Ici… s'élevait… l'hospice des Enfants-Rouges »… C'était un ancien hôpital pour enfants malades du XVI$^{e}$ siècle : les enfants y portaient des étoffes rouges symbolisant la charité chrétienne. Il en reste quelques vestiges dans la cour.

Là, j'ai une impression de déjà-vu mais qui ne correspond pas à cette vie, et peut-être même pas à quelque chose qui me concerne « en tant qu'individu »… Lili me dit : « On était au premier étage… » Nous voyons un rideau rouge qui flotte à l'étage, et un étrange restaurant au fond de la cour. Soudain, elle crie :

— Maria Pacôme habitait ici !

Et nous sommes déjà dehors et nous voyons le square du Temple, comme s'il se dégageait d'un halo de fumée et de lumière. Et nous avançons, de plus en plus exaltés tous les deux, jusqu'au kiosque à musique au centre. Nous sommes arrivés. Et j'ai l'impression que c'est le monde autour de nous qui se met à tourner. Et une petite fille sort de nulle part, et se jette dans mes bras. Je ne comprends pas. Je n'en reviens pas. Lili éclate de rire. La maman de la petite fille, sud-américaine, vient la chercher.

— Comment tu t'appelles ? lui demandé-je.

— Elle s'appelle Magdalena, répond à sa place la maman.

— Elle est adorable, ajouté-je.

— Elle s'intéresse un peu trop aux hommes, dit sa mère en riant.

Marais, Maria, Pacôme, Magdalena, je dois comprendre cette saynète comme un cryptogramme : *Quand tu habiteras dans le Marais, Pacôme, tu rencontreras le mystère de Maria-Magdalena, qui est aussi le mystère de l'âme Sans Roi.*

J'en suis là. Mes courses errantes m'ont amené et me ramènent sans cesse dans un labyrinthe de malheurs. Mais la divinité n'a pas perdu ma trace, et, à mesure que je creuserai des trous dans le mur de plomb de la réalité, je réussirai à rétablir le contact avec elle; à mesure que je m'efforcerai de rendre plus fluide le passage entre elle et moi, je maintiendrai un canal de claire audience où elle me fera voir la même réalité mais avec *une autre qualité de regard.* Il ne tient qu'à moi que nous nous épaulions mutuellement dans ce labyrinthe de larmes et de symboles doubles ou trompeurs qu'est toujours toute vie humaine.

Le problème n'est pas de se sentir entouré de signes. Nous sommes entourés de signes. Le problème, c'est le sens que nous devons leur accorder. Les signes ne sont pas ceux d'un architecte bienveillant nous parlant de son amour pour nous ou de la future réussite de nos vies. Les signes que nous voyons ne nous parlent que de création, de lutte contre l'injustice, de détachement. Le seul sens que nous devons leur accorder, c'est celui que nous pouvons leur attribuer en découvrant le trajet qui nous sortira du labyrinthe, en réalisant le détachement qui interrompra la répétition cyclique des mêmes malheurs ou en forgeant la clé qui nous permettra de faire sauter le verrou de cette prison. La sorcière dans la coiffure de la petite fille, c'est la magicienne qu'elle contient déjà en elle mais qu'elle doit devenir. Même le dragon caché dans la cotte de mailles du chevalier n'est pas une image de ce qu'il doit craindre mais de ce qu'il doit libérer.

# Hors de l'enfer,
## hors de la force du chaos

La première fois que j'ai fait ce que les professionnels de la profession appellent une sortie astrale, c'était en 1990. J'avais quatorze ou quinze ans et je vivais avec mes parents à Genève, dans un immeuble de l'avenue Eugène-Pittard, dans le quartier de Florissant, près du parc Bertrand et du restaurant L'Ange Bleu. Je me suis retrouvé en apesanteur au-dessus de mon lit, mon corps telle une enveloppe transparente flottant dans la lourdeur de l'air comme sur un nuage fragile, alors que des sons insistants, répétitifs, intenses et éprouvants, de souffles inversés enlacés et d'une disharmonie préétablie, me faisaient comprendre que je m'apprêtais à traverser des Terres Interdites.

Quelques jours avant, j'avais écouté ma propre voix renversée. Je venais d'acquérir un magnétophone quatre pistes pour faire de la musique dans ma chambre d'adolescent solitaire. C'était vraiment le grand luxe, cet appareil qui me permettait de couper les pistes d'une cassette audio ordinaire en quatre, en utilisant le côté droit et le côté gauche de chaque face pour mes maquettes de morceaux. La conséquence de ce traficotage de bandes magnétiques, c'est qu'en renversant la cassette enregistrée et en lançant l'autre face, j'ai pu entendre l'ensemble de ce que j'avais enregistré à l'envers : instruments, percussions, synthétiseurs, guitares, voix. Et l'impression que j'ai eue était quelque chose de très étrange et de pas très sain. La voix, surtout, faisait mal à mes oreilles et à mon cœur. Le souffle, associé traditionnellement à l'âme, est quelque chose que nous ne sommes probablement pas supposés renverser : comme un sceau qui, une fois brisé, détruit le mur de séparation psychique entre les niveaux de réalité. Et soudain, dans la profondeur de la nuit, de plus en plus sombre et opaque comme un couloir souterrain menant vers nulle part, je réentendais cette voix qui me hantait alors que je commençais tout juste mon voyage de l'autre côté du rideau troué de la nuit des temps.

À partir de cette nuit, ça ne devait plus s'arrêter. Plus jamais. Toute mon adolescence, je devais sortir au moment où je m'y attendais le moins, toujours dans un état de relaxation proche du sommeil, mais jamais au moment où je comptais y aller. Ce n'était pas des rêves, ça ne produisait pas de souvenirs, je les vivais pour ainsi dire en direct, et le point de départ était toujours ma chambre telle qu'elle était au moment où je lâchais prise.

Souvent lorsque je m'envolais, je plongeais immédiatement dans des enfers de viande. La tête la première dans de la chair qui brûle, je sombrais dans des lieux de torture animale et humaine. Et l'enfer ne m'apparut bientôt plus que comme un abattoir et une rôtisserie. Plus tard, j'arrivais à voler dans des villes étranges. Les visages que je croisais faisaient émaner une lumière particulière. Il y avait aussi des têtes seules, virevoltant comme des cerfs-volants à une vitesse de jaguar et avec des mouvements de cobra. Je les retrouverais à l'identique dans un livre d'Alfred Jarry, *Les Jours et les Nuits*, des années plus tard, au sujet d'un *« peuple étranger à la Chine, dont les têtes peuvent voler vers les arbres pour saisir des proies, reliées par le déroulement d'un peloton rouge, et reviennent ensuite s'adapter à leur collier sanglant. Mais il ne faut pas qu'un certain vent souffle car, le cordon rompu, la tête dévolerait outre-mer. »*

Cela se reproduisit toute ma vie, cela se produit encore aujourd'hui, mais j'ai appris à dédramatiser l'expérience et à planer dans l'atmosphère plutôt qu'à descendre dans les villes basses et leurs enfers. Mais il me fallut du temps. La question des voyages était la raison pour laquelle je me suis, pour la deuxième fois, adressé à un spécialiste de la psyché. Un jungien cette fois. C'était en 2007, à l'époque, je vivais encore avec Setsuko rue de Maubeuge, dans le 9e arrondissement de Paris. Le docteur Finnegan fut mon deuxième psychanalyste. Il n'exerçait pas très loin, avenue Trudaine, dans un appartement rempli de jouets à taille humaine – en particulier des soldats de plomb géants – et de vieilles images d'Épinal aux murs. Le docteur Finnegan était très gentil, il avait l'accent américain, une barbe, des lunettes, il était efféminé et hypersensible, et se tordait sur son fauteuil à oreilles pendant que je racontais mes sorties astrales. Il ne parlait quasiment pas, me laissait me débrouiller avec mes histoires… Inutile de préciser qu'on n'arriva vraiment à rien, mais alors à rien du tout…

Plus tard, je me renseignerais par moi-même sur les nautes célestes à travers les âges, de Plotin à René Daumal, et j'apprendrais, par les écrits de Sohrawardi, que les rêves ou les sorties de corps sont des traversées du Monde des Formes en Suspens. La réalité est subdivisée entre un monde matériel, qui est celui des corps et de leur pesanteur, un monde spirituel, ciel des idées qui n'est composé que de pensées et d'abstractions et dans lesquelles reposent les principes de la manifestation, et enfin, intermédiaire, un monde de l'âme que nous voyons dans nos rêves, que nous approchons dans l'art, que nous célébrons dans nos chants et qui est le lieu même de la résurrection. Ce monde, nous le composons partiellement dans nos vies : il est ce que nous faisons du monde, il est notre contribution à l'anéantissement du labyrinthe de matière ou sa fusion dans le labyrinthe d'images. Nous ne ressuscitons pas dans nos corps, mais par nos âmes et dans nos images. Nous ressuscitons à travers nos rêves.

C'est pourquoi il est si important de voir et de créer. Chaque regard que nous portons sur la vie présente est une pierre du Royaume de notre vie à venir. Celui qui voit la beauté, même dans la laideur, architecture un au-delà à l'image de son cœur, mais celui qui ne voit que de la laideur, même dans la beauté, se compose un monde imaginal de damné. Il faut aimer ce que l'on aime. Il faut toujours aimer ce que l'on aime davantage que l'on aime ne pas aimer ce que nous n'aimons pas. Si nous aimons davantage ne pas aimer ce que nous n'aimons pas, nous passons beaucoup de temps à construire la poubelle de notre monde imaginal mais aucun pour les murs de notre Royaume. Mais si nous aimons ce que nous aimons et si nous voulons ce que nous voulons, alors nous sommes déjà à construire le Royaume, voire : nous y vivons déjà. Nous faisons de notre vie une puissance immatérielle qui ne dépend plus des conditions biologiques. Nous construisons une arme capable de détruire toutes les prisons, tous les labyrinthes de malheurs dans lesquels nous sommes susceptibles de tomber.

Les récits mystiques utilisent souvent des figures d'oiseaux pour parler des hommes. C'est qu'ils voient les hommes dans la forme qu'ils prennent dans le monde de l'âme et ils représentent les âmes comme des cœurs à la recherche de leur pays natal. Mais le pays natal n'est ni le lieu de notre naissance sur la Terre ni celui de nos ancêtres. Le pays natal est une île dans l'océan de l'âme humaine. L'homme naît en exil sur la Terre. Et il meurt, encore en exil, mais à la frontière de l'autre monde. C'est ensuite que commence le voyage vers le pays natal. L'âme voyage, de citadelle en citadelle, jusqu'à l'île céleste des multiples épreuves. Chaque épreuve est représentée par une vallée. Dans *Le Langage des oiseaux*, Attar en a répertorié sept : *Talab*, la vallée de la Recherche ; *Ishq*, la vallée de l'Amour ; *Ma'refat*, la vallée de la Connaissance ; *Isteghnâ*, la vallée du Détachement ; *Tawhid*, la vallée de l'Unicité de Dieu ; *Hayrat*, la vallée de la Stupéfaction ; *Faqr* et *Fana*, la vallée de la Pauvreté et de l'Anéantissement. Lorsque les sept vallées sont passées, on aboutit à la montagne de Qaf. Et là il faut encore grimper, grimper, grimper…

Moi j'avais l'impression de ne jamais quitter la vallée de la stupéfaction. À chaque sortie, c'était juste l'hallu. Et encore, je ne prenais presque jamais de drogue – ce qui rendait, paradoxalement, chaque prise parfaitement unique, profonde, cinglée, géniale. La plus extraordinaire était peut-être celle administrée à l'hôpital, lors de mon opération d'ablation de la vésicule biliaire du printemps 2016, à l'instant de l'anesthésie. Alors que j'attendais allongé sur mon brancard, entra dans la pièce le docteur Robert, un médecin avec un nom beatlesien prédestiné et un look de *big freak* routard des années 1970 : pattes énormes, catogan, muscles tatoués et grosses lunettes.

« Ça va, chef ? », me demanda le docteur Robert, avant d'ajouter : « J'ai un truc parfait pour vous, j'appelle ça le mélange Woodstock. C'est pas très légal mais je me suis dit que vous alliez apprécier. » Il me balança la sauce et, après une poignée de secondes, je m'envolai à toute vitesse. Mon corps imaginal – forme sans matière, âme électrique – se retrouva à flotter dans un espace entièrement noir et vert de connexions cosmico-informatiques. On se serait cru dans le ventre d'un ordinateur. Et là je pus compulser l'espace de quelques instants la totalité des dossiers de l'ensemble de l'humanité : on comprenait *pourquoi chaque personne avait agi comme elle l'avait fait et pas autrement*. Des liasses de récits de douleurs, des bottins de souffrances, de déceptions, de vexations, d'incompréhensions. Une algèbre de la misère de la taille du ciel, une étoile par personne. L'humanité ne m'apparut plus que comme une seule immense victime, une grande traumatisée mille fois violée et rouée de coups, dont tous les membres continuaient sempiternellement à se battre entre eux par incapacité de comprendre qu'ils ne faisaient qu'un et que ça ne servait vraiment à rien de se mutiler davantage. L'âme souffrante le disait dans la Pistis Sophia, le premier grand texte Sans Roi retrouvé :

*Ma lumière m'a été enlevée et ma force a été détruite,*
*J'ai perdu la mémoire de mon mystère.*
*Ma force a succombé en moi par suite de ma frayeur.*
*Je suis devenue comme un démon qui habite dans la matière, où il n'y a nulle lumière.*
*Et mes ennemis ont dit :*
*Au lieu de la lumière qui est en elle, remplissons-la du chaos.*
*J'ai dévoré la sueur de ma substance,*
*Et l'amertume des larmes de la matière de mes yeux,*
*Pour que ceux qui me tourmentent ne m'enlèvent pas ces autres choses.*
*Ta volonté m'a conduite dans l'enfer.*
*Et je suis venue dans l'enfer comme la force du chaos.*
*Et ma force s'est glacée en moi.*
*Maintenant, lumière, lève-toi.*
*Cherche ma voie et l'âme qui est en moi.*

C'est là que j'ai compris ce qu'était un *profiler* et pourquoi je devais me fier à leur éthique particulière : celle de voir à la place des autres. J'avais été souvent déçu, en amour ou en amitié. Mais si je me mettais à *voir* dans la tête des amis décevants ou des amours trompeurs, tout changeait. Exactement comme le *profiler* voit dans la tête des *serial killers*, et non l'inverse. Dans *MillenniuM,* la série de Chris Carter, le *profiler* Franck Black le dit à un flic qui s'enténèbre : « *Vous devenez mauvais parce que vous les laissez rentrer dans votre tête. Vous devez faire l'inverse : vous devez vous mettre dans la leur.* » Cette idée va très loin. Cette éthique est la plus profonde, la plus juste, la seule qui change véritablement la donne. Tout ce qu'il fallait, c'est apprendre à lire les détails de n'importe quelle vie exactement comme je lisais une fiction, c'est-à-dire comme un texte sacré, c'est-à-dire comme une parole qui m'était adressée. *Lire ma vie comme si elle s'adressait à moi* : ça n'a l'air de rien mais ça change tout.

Il me fallut attendre le printemps 2016 pour avoir cette intuition. Une intuition suffisante pour modifier, non seulement mon avenir, mais également mon passé. Parce que, à partir de 2016 et du mélange Woodstock du docteur Robert, après cet étrange voyage dans un espace imaginal noir et vert comme le ventre d'un ordinateur, je n'ai plus vu mon passé de la même manière. Tout d'abord, j'ai cessé de penser que les amours trompeurs qui m'avaient déçu ou les amis décevants qui m'avaient trompé étaient des « méchants » et que j'étais le « gentil » (ça n'a jamais lieu comme ça dans la fiction, pourquoi ça aurait lieu comme ça dans la réalité ? Depuis quand le monde se diviserait-il entre « gentils » et « méchants » ?) Ensuite, j'ai compris que chaque événement que j'avais vécu demandait à être *interprété* pour prendre enfin son sens véritable. Et il devait être interprété de plusieurs manières. Le passé pur n'était rien. Il n'avait qu'un semblant d'existence. Notre vie est incomplète tant que nous n'en avons pas fait l'exégèse. L'exégèse, c'est l'exil du sens littéral et l'entrée dans le sens symbolique. Et le sens symbolique doit être kaléidoscopique. Mais c'est aussi le détachement de la dimension purement matérielle de la réalité. Tout ce que nous avons vécu doit pouvoir être pris *symboliquement*, ce qui ne veut pas dire qu'on lui enlève de la réalité, du concret, mais qu'on lui retire de la matérialité, de la *lourdeur*. Ce qui est une autre manière de dire qu'on prend du malheur et qu'on en dégage tout le bonheur possible, qu'on prend de la crasse et qu'on en fait de l'or.

Alors je pouvais revisiter les plus tristes ou les plus sombres moments de ma vie – le voyage au Japon de 2002 où je crus que j'allais tuer un présentateur de télévision, la rupture avec Setsuko en 2009, mon impuissance sexuelle en 1996 mais aussi mon *sickamour* en 2012, la déception amicale avec Édouard Saint-Pol en 2003, le décès des gens que j'aimais – sans éprouver de la détresse, mais de la curiosité, de la joie et même de la reconnaissance. Alors, je pouvais voyager dans mon propre passé comme dans un ciel intime qui était connecté à ceux de tous les autres et même l'éclaircir pour qu'il éclaircisse les autres en retour. Alors, enfin, je pouvais aimer ce que j'aimais, vouloir ce que je voulais mais aussi savoir ce que je savais.

C'était presque une autre vie. C'était une vie que je découvrais autrement, à laquelle je naissais autrement. C'était comme si, en changeant mon point de vue, non seulement je changeais mon passé, mais également l'être que j'avais été. C'était comme si, en voyageant ainsi dans mon passé, je gagnais un « plus de vie », un « plus d'être ».

Alors commençait l'exégèse de mon âme et, à travers elle, l'exégèse de toutes les âmes.

## Un jour nous brûlerons le théâtre des mauvais amours

Le problème dans la vie, c'est qu'on sait déjà tout ce qu'on a besoin de savoir, mais qu'on ne sait pas qu'on le sait. On sait toujours tout, mais on le sait toujours sans le savoir. Et dans ma vie, depuis des années, je ne cesse de me rendre compte que je savais très bien ce qui allait m'arriver. J'ai simplement décidé de passer outre parce que j'étais charmé par les sirènes de l'âme adventice, qui nous promet toujours le bonheur en échange d'une assiette de couleuvres. Alors que je possède toujours ce savoir dont j'aurais tant besoin pour ne pas me viander à nouveau ; pour ne pas à nouveau me cogner le nez et le cœur contre la grille en fer noir de la réalité. Non seulement nous ne savons pas aimer ce que nous aimons et vouloir ce que nous voulons, mais nous ne savons même pas savoir ce que nous savons ! Cette ignorance volontaire de notre propre savoir, je ne l'ai jamais aussi bien ressentie que dans l'amour. Dans le *sickamour* : le théâtre des mauvais amours où se répètent toutes nos histoires passées, où s'anticipent toutes nos relations futures. C'est dans le *sickamour* que nous devrions nous rendre compte que nous savons tout ce que nous devons savoir, et que, pour autant, presque systématiquement, nous passons outre.

C'est le sujet exact de la première conversation que j'ai eue avec Ann le 13 septembre 2017. Elle était venue me retrouver au Forum des images parce que j'étais passé déposer deux exemplaires de mon dernier livre à des membres de l'équipe de L'Étrange Festival. Nous sommes allés à La Pointe Saint-Eustache, nous avons commandé deux thés et nous avons parlé presque immédiatement de ça : le fait que, dans toute histoire naissante, on sait toujours tout, absolument tout, dès le premier rendez-vous, mais on ne veut pas savoir qu'on le sait. Le problème n'est pas de savoir : on sait. Mais on ne sait pas qu'on sait. On ne veut pas savoir qu'on sait. On aime ne pas savoir qu'on sait. Bref, on s'illusionne volontairement sur quelque chose qui devrait être immédiatement évident. Nous avons évoqué quelques-unes de nos histoires, et je lui ai parlé de mon *sickamour* principal, Selda, une femme mariée que j'avais passionnément aimée en espérant qu'elle quitte son mari avec qui elle vivait depuis vingt ans. Alors qu'Ann ne savait pas et ne pouvait pas savoir que j'étais en train d'écrire un essai sur Shakespeare et la Dark Lady, elle a eu cette phrase incroyable de médiumnité : « C'est normal que ça n'ait pas marché. Tu étais *Roméo et Juliette* et elle était Stanley Kubrick. »

On sait toujours. Mais on ne veut pas savoir que l'on sait. Et tout ça j'aurais pu m'en douter le soir où nous nous sommes embrassés, Selda et moi, le 19 février 2012, devant Notre-Dame, après avoir poursuivi une petite souris qui se faufilait entre les bancs et les arbres. Tout était là dès le départ, et, en une poignée d'heures, la femme de ma mort m'avait déjà dit à quelle sauce elle me mangerait. Elle m'avait tout dit : l'attirance qu'elle avait pour moi, l'attente que je me jette à corps perdu dans une histoire d'amour avec elle qui soit également une passion sensuelle, et puis l'impuissance absolue qu'elle aurait de quitter son mari au bout du compte. Je l'ai haïe pour ça au bout de six mois, j'ai combattu contre elle toute une année pour la faire changer d'avis, elle a cédé quinze fois pour mieux se dédire ensuite, mais rien n'a jamais modifié fondamentalement ce que je savais dès le départ. Ce que j'aurais pu voir dès ce soir d'hiver devant Notre-Dame, au kilomètre zéro de notre *sickamour*.

Ce savoir, j'ai décidé de l'oublier, non pas après notre première rencontre, ni même notre premier baiser, mais après notre première nuit passée ensemble… Jusque-là, ce n'était pas forcément de l'amour. Ç'aurait pu n'être qu'un flirt avec une femme mariée et ç'aurait été suffisamment médiocre comme ça. Ç'aurait été bien moins grave, si je n'avais pas été hypnotisé par le labyrinthe pourri et les prodiges de souffrance que l'âme adventice réussit à faire passer pour des promesses de bonheur. C'est deux jours après notre première nuit, le 4 mars, alors que je me retrouvais à Bruxelles, dans un festival de livres, que je suis tombé amoureux de Selda. Je suis tombé amoureux comme on tombe dans le coma, comme on tombe malade, comme on tombe sur quelque chose…

C'est d'ailleurs ce qui s'est passé. Je suis tombé amoureux de Selda en tombant sur une peluche de lapin. Elle était posée toute seule au milieu d'une salle vide. Je l'ai ramassée pour la déposer à l'entrée, au cas où un enfant la réclamerait, et ils m'ont immédiatement envoyé chier. Ils n'ont rien voulu savoir : trop de gens passaient dans ce festival, ils ne pouvaient se permettre de faire une annonce pour une peluche de lapin, et puis il n'était pas question de garder cette peluche.

— Jetez-la, si vous voulez, on s'en fiche, vous savez.

Je ne l'ai pas jetée ; je l'ai gardée. Et soudain ce lapin dans ma main a provoqué en moi larmes et tremblements, craintes, inquiétude, absurde folie… Et je me suis dit que je tenais à Selda, que je ne voulais qu'elle, que je l'aimais, elle et personne d'autre. J'étais à Bruxelles, Selda était à Paris, elle avait déjà tout dit à son mari et celui-ci lui avait demandé de ne jamais me revoir. Soudain, le soir est tombé en plein jour. Soudain l'orage a éclaté dans le ciel et mon cœur s'est effondré en trois cents morceaux.

Notre histoire d'amour a duré entre un an et un an et demi. Dès mon retour de Bruxelles, je voyais toutes les lignes temporelles qui nous reliaient ou nous éloignaient scintiller dans l'espace, comme en juin 2002, je les avais vues à Osaka quand je croyais que j'allais me transformer en tueur. C'était le labyrinthe pourri du Démiurge et il brillait des mille feux de la passion destructrice, un désespoir repeint dans des couleurs criardes. Plus les sombres pressentiments s'accumulaient, plus notre passion augmentait. On se faisait du mal tout en croyant se faire du bien. J'avais le cœur en pelote à chaque fois que Selda rejoignait son mari et je me persuadais que j'étais plus amoureux encore. Quelle tristesse…

À chaque fois qu'on parlait ensemble, on riait beaucoup ; peut-être même un peu trop et certainement trop bruyamment. On pouvait entendre la peur de la souffrance future en écho dans nos grands éclats de rire. « Je t'aime. Je t'aime plus que je n'ai jamais aimé personne auparavant : n'oublie jamais ça », se répétait-on l'un à l'autre, encore et encore. On se l'écrivait même sur des post-it qu'on collait dans nos cahiers et nos livres respectifs. Mais chaque déclaration d'amour était violente comme un poignard. Plus on se voyait et plus elle me manquait. Dès qu'elle partait, je n'arrivais ni à travailler ni à dormir. Je passais mes journées à errer, mon amour pour elle me dévorant le cœur et me laissant dévasté…

Le sommet de notre hystérie réciproque a probablement été atteint un soir de juin où on dînait tous les deux en terrasse sur la place Dauphine. Était-ce une bonne idée de nous rendre dans la place triangulaire la plus mystérieuse de Paris et qu'André Breton avait comparée à un sexe de femme ? J'avais découvert cette place étrangement enclavée très tardivement. C'était une après-midi où on se baladait en discutant avec Jean-Christophe Menu, quelques mois plus tôt. Je ne sais plus de quoi on parlait mais, alors qu'on traversait cette place pour passer d'une rive à l'autre, une fille sortit de nulle part et se jeta sur lui : « Oh, monsieur, s'il vous plaît, restez avec moi, suivez-moi… » Menu l'avait regardée et lui avait répondu sèchement : « Non. » C'est quelques pas plus tard que je me rendis compte qu'on était place Dauphine…

— La fameuse place où Breton et Nadja dînent ensemble… Si ça se trouve, la fille qui s'est jetée sur toi, c'est la réincarnation de Nadja ? On retourne la voir ?

Jean-Christophe éclata de rire mais il refusa à nouveau. Le soir du dîner avec Selda, c'était ma deuxième visite. Après le repas, on s'est embrassés longuement sur la place alors qu'une petite pluie déplaisante coulait sur nous, et Selda a commencé à me dire qu'on ne supporterait jamais cet amour : ni qu'il reste le même, ni qu'il diminue, ni même qu'il se métamorphose.

Il n'y avait pas trente solutions. Je lui dis qu'il fallait qu'elle quitte son mari, impérativement, tout de suite : c'était la seule solution pour nous. Elle me promit alors solennellement de le quitter. Mais elle commença également à négocier.

Ça ne prendrait pas longtemps, me disait Selda : un mois, deux mois... Pendant ce temps, on n'arrêtait pas de se voir. On se disputait, elle négociait encore, mettait en avant l'impossibilité dans laquelle son mari serait de vivre sans elle, puis on faisait l'amour comme des dingues, comme des diables... Plus j'insistais pour qu'elle vienne s'installer chez moi, puis elle repoussait son départ, prétextant que son mari lui demandait d'attendre encore un peu. « Je ne peux pas le laisser sur le bord de la route. » Elle me disait aussi qu'il était totalement d'accord pour qu'elle le quitte mais qu'il se méfiait de moi et pensait que je ne serais pas bon pour elle. Au bout de quelques mois, elle m'avoua qu'il faisait tellement partie de sa vie qu'elle ne pouvait pas concevoir celle-ci sans lui. Elle resterait avec lui... Cela dit, on pouvait continuer à se voir et à faire l'amour. Et c'était ce qu'on faisait : on se revoyait, on se disputait et on faisait l'amour.

Éternel retour à la case départ... J'en souffrais énormément et je croyais que le remède à mes souffrances serait l'exclusivité de l'amour que cette femme ne voulait pas me donner. On pouvait dire que le Démiurge me tenait salement entre ses griffes. Toutes les choses que nous avons vécues avaient déjà été dites, énoncées avec clarté le premier soir, mais j'avais réussi à oublier. La quitter a été terriblement difficile. Cela me prit encore six mois, avec des allers-retours, des brusques départs et des retours enflammés. Notre histoire d'amour a duré entre un an et un an et demi. Mon *sickamour* en a duré quatre. Après notre histoire, pendant longtemps, je n'ai pas réussi à retomber amoureux. Je suis entré dans une répétition de malheurs. Soit je suis allé vers des femmes qui n'étaient pas disponibles ; soit je me suis débrouillé pour les quitter ou être quitté par elles.

J'ai découvert l'hôtel Lallemand lors de mon deuxième passage à Bourges, le 21 mars 2013, alors que mon histoire d'amour avec Selda allait vers ses dernières larmes (on a fait l'amour pour la dernière fois le 3 juillet 2013 ; pendant plusieurs années, j'ai célébré avec amertume son lendemain comme l'anniversaire de notre « *Independance Day* »). J'ai été immédiatement magnétisé par le polychrome en bas-relief situé en haut de la porte de l'oratoire. C'était une représentation hallucinée de l'île de Colchide : les chênes et un énorme rocher étaient au premier plan et, en y regardant de près, on devinait un étrange mouton, des dromadaires, un crapaud et deux anomalies : la Toison d'or elle-même, non pas dressée en haut d'un arbre mais traînant comme une merde dans un coin du bas-relief, et, au loin, le dragon, vaguement ébauché, flou, incertain. Dernière anomalie : il ne contenait *aucune figure humaine*.

L'oratoire dans lequel ce bas-relief se trouvait était de petite taille et comme isolé au sein de l'hôtel lui-même. À l'extérieur de la maison, dans la cour, on découvrait des statues de fous et de souffleurs, un chevalier à coiffe de bélier, une créature ailée, un cerf, un phénix et une sirène au miroir. Mais surtout, dans une loggia, était enclavé un autre bas-relief dans le même style que celui de la Toison d'or. C'était un polychrome représentant saint Christophe, les pieds dans l'eau, son vêtement noué par une ceinture ésotérique en losanges, portant sur l'épaule un petit Christ, alors que, au second plan, un mystérieux ermite, lanterne au poing comme celui de l'arcane du tarot ou de l'album sans nom de Led Zeppelin, semblait l'attendre ou venir vers lui.

En faisant des allers-retours entre les deux bas-reliefs, j'étais saisi par une sensation de vertige : l'intérieur et l'extérieur se répondaient et composaient ensemble un impossible espace. J'étais *toujours déjà dedans* quand je me tenais dans la loggia et *toujours encore dehors* quand j'entrais dans l'oratoire. Ce jour-là, j'étais à Bourges pour présenter des films que j'avais réalisés avec Thomas Bertay, mais l'hôtel Lallemand allait devenir un rendez-vous systématique de mes séjours avec Hermine Karagheuz dans la ville pendant toute l'année 2014. Nous y avions été invités à coordonner un atelier avec des étudiants des beaux-arts.

L'atelier s'appelait Théâtre de l'Auto-dévoration, et c'était certainement l'état d'esprit dans lequel je me retrouvais au sortir de mon *sickamour*, alors que j'enchaînais des amours tristes et vaines. J'aurais pu l'appeler Théâtre des Mauvais Amours. L'hôtel Lallemand était une pièce centrale de mon labyrinthe. Pour moi, il officiait comme une antichambre de mon état d'esprit, et, à force de me focaliser sur l'influence des lieux, je n'étais plus si sûr de suivre la bonne lumière. Je pensais que mon *sickamour* était le premier acte de mon chemin de « mauvaise lumière » et que la ville de Bourges serait le décor de son deuxième. Mais, comme avec tous les chemins, bons et mauvais, il est toujours temps de se retourner et d'en changer le sens et la signification…

C'était le récit de Jason et des Argonautes qui avait principalement requis mon attention. Ce qui m'obsédait le plus, c'était le sort de Médée après la conquête de la Toison d'or. Jason se voit imposer par le roi de Colchide des épreuves invraisemblables : dominer deux taureaux qui soufflent le feu et semer les dents d'un dragon qui se transformeront en guerriers. Mais Médée, la fille du roi, tombe dingue de lui et décide de l'épauler. Elle prépare un onguent qui rend Jason insensible au feu des taureaux et lui permet de vaincre les épreuves. Puis elle guide son beau Jason jusqu'à la Toison d'or fixée à un chêne que garde le dragon. Elle endort le dragon, Jason s'empare de la Toison et les deux *lovers* s'enfuient.

La conquête de la Toison d'or par Jason et les Argonautes aurait été un parfait récit initiatique s'il n'y avait, malgré tout, en son cœur, le sacrifice ultérieur de la magicienne. Parce que ensuite, ça se gâte pour Médée. Une fois que Jason et elle se sont réfugiés à Corinthe, où Créon les accueille, ils font deux enfants et vivent paisiblement… jusqu'au jour où Jason tombe amoureux de la fille de Créon, Créuse, et répudie immédiatement

Médée. *Wow*. Trahir son père, son peuple, son pays pour un connard qui la largue pour la première héritière venue. Alors la magicienne se venge : elle offre à Créuse une tunique magique qui s'enflamme et poignarde les deux enfants qu'elle a eus avec Jason.

J'étais obsédé par Médée sans trop savoir pourquoi. On plutôt je me racontais une histoire qui n'était pas la véritable histoire. Ce que je voyais dans l'histoire de Jason et de Médée, c'était l'idée d'un objet du désir si obscur qu'il était impossible à transmuter et qu'on devait l'évacuer comme un déchet. Dans *Haldernablou* d'Alfred Jarry, Haldern dit, après sa nuit passée avec Ablou : *« Il faut, en bonne théologie, détruire la bête avec laquelle on a forniqué. »*

Je ne pouvais m'empêcher de penser que j'avais été une sorte d'Ablou ou de Médée pour Selda ; et maintenant, elle allait, en bonne théologie, me détruire avant de retrouver son mari. Mieux : il est certaines infidélités qui fonctionnent comme des bluffs au poker et permettent à l'épouse ou l'époux de regagner sa partie, de rehausser sa mise auprès d'un partenaire négligent. Pour me faire de la peine, je me répétais que j'avais simplement été le piment dont le couple avait besoin pour sauver son mariage. Et, épaulé alors par mon troisième psychanalyste, le docteur Louis, qui officiait surtout comme un coach en drague et se frottait les mains chaque fois que je rencontrais une femme en imaginant comment j'arriverais à la conduire dans mon lit, j'avais beau accumuler les amorces d'histoires que j'arrêtais net après une ou deux nuits, je ne pouvais pas voir alors que je ne valais franchement pas mieux que

Selda. Moi aussi, je ne cessais de « *détruire la bête avec laquelle j'avais forniqué* ».

Quand j'ai compris, je me suis résigné à l'abstinence. Je ne pouvais pas aimer mais je ne voulais plus faire semblant. Même si je pensais toujours à elle, du moins je ne faisais plus souffrir personne et c'était une sorte de consolation. Et mon *sickamour* a cessé complètement dans la nuit du 9 au 10 juillet 2016, même si je ne m'en suis pas rendu compte immédiatement. Ce qui s'est passé, c'est que j'ai fait un acte que m'avait recommandé une amie. J'ai écrit une lettre à Selda que je ne lui ai pas envoyée. Cette amie m'avait dit : « Tu dois cesser de penser à elle, maintenant ça suffit. Ce que tu dois faire, c'est écrire une lettre, une longue lettre, dans laquelle tu récapitules toutes les raisons que tu as de l'aimer, et aussi toutes celles que tu as de lui en vouloir. Tu dois tout écrire, et tu ne dois pas garder de trace de cette lettre. Pas de double, pas de brouillon. À la fin de cette lettre, tu écris : *Maintenant, libère-moi de toi.* Même si tu l'écris sur ton ordinateur, tu l'imprimes et tu jettes le fichier. Ensuite tu mets la lettre dans une enveloppe à son nom. Et tu mets de la sauge dans l'enveloppe. Enfin, tu brûles la lettre. Fais ça dans ton évier. Sinon tu risques de foutre le feu. »

Je l'ai fait. J'ai écrit la lettre à Selda, j'ai placé la sauge et j'ai brûlé la lettre. Et à partir de ce moment, je n'y ai plus pensé. Je n'aurais pas pu dire si l'opération avait marché, puisque je n'y pensais plus. Pendant longtemps, je ne pensais pas que je l'aimais encore, mais je ne pensais pas non plus que je ne l'aimais plus. Je ne savais tout simplement pas ce que je pensais. Plusieurs mois plus tard, j'ai compris. Alors que je faisais une opération technique un peu *chelou* sur mon ordinateur, début 2017, ce dernier a ouvert soudain tout un tas de messages, des mails et des données récupérées sur la Grande Facebouquerie. Parmi eux, il y avait, principalement, toute la correspondance que j'avais eue avec Selda. Et soudain je me suis rendu compte qu'elle n'était pas une méchante personne. Que fondamentalement, elle et moi, on s'était perdus dans quelque chose qui nous avait dépassés, ce labyrinthe plus vaste et plus profond que nous, où beaucoup de fantômes s'étaient invités, où de nombreux drames s'étaient rejoués. Et maintenant que mes yeux étaient grands ouverts, je me rendais compte que je n'avais strictement aucune raison de lui en vouloir.

Ainsi, non seulement je n'étais plus amoureux de Selda, mais je l'appréciais de nouveau. Elle n'était plus une hantise pour moi mais une amie. Elle n'était plus la femme de ma mort mais une personne que j'avais rencontrée et que, pour une raison qui lui était propre, je n'avais pas plus réussi à faire sortir de son labyrinthe qu'elle n'avait été capable de me sortir du mien. Mais ce malheur valait tous les bonheurs puisqu'il m'avait confronté à la « figure de ma question ».

Ann avait raison : j'avais été *« Roméo et Juliette »*. J'étais même alors en train d'écrire un essai sur Shakespeare et la Dark Lady pour m'en convaincre et pour m'en libérer. Mais Selda n'était plus « Stanley Kubrick ». Je ne voyais plus en elle une stratège de la passion déçue, la moitié d'un couple jouissant des êtres qu'il brisait afin de remplir le vide affectif au cœur de leur relation, mais une femme aussi paumée et fondamentalement aussi peu coupable que moi. Quand j'ai rencontré Ann, cette histoire était finie pour de bon : j'en avais même fini avec son *unhappy end.*

Tout le drame de notre vie tient dans notre impuissance à ne pas retomber perpétuellement dans le labyrinthe pourri du Démiurge. Pourtant nous avons toujours la clé en face de nous. Nous sommes tous perdus et la seule façon de nous en sortir est de cesser d'attendre de l'autre quelque chose qu'il ne peut pas nous donner. La possibilité de ne pas faire de son amour un *sickamour* tient dans le fait de ne pas avoir de regard pour son fruit. Comme dit Krishnamurti : « *Mon secret, c'est que je me fiche de ce qui peut arriver.* » C'est une excellente méthode ; ce serait même *la méthode* si seulement nous étions capables de nous foutre des choses sans cynisme, sans désespoir mais avec une gentillesse sincère, une générosité authentique, une bienveillance totale.

Il faut toujours penser que les coups portés par l'âme adventice sont également des coups que l'on peut lui subtiliser pour les utiliser à notre profit. Le *sickamour* est peut-être l'instrument de mort par excellence, celui qui nous fait nous dégoûter de nous-mêmes et de la vie, mais aussi, vu et lu autrement, l'instrument *visionnaire* par excellence, qui nous fait traverser les mondes et défier tous les malheurs.

C'est le fameux troisième stratagème : *Jie dao sha ren*, « *Tuer avec une épée d'emprunt* », et que le traité chinois développe ainsi : « *Qui est pourvu d'une force limitée emprunte celle de l'ennemi. Qui veut tuer mais n'y peut parvenir emprunte l'épée de l'ennemi. Faire faire à l'ennemi ce que je souhaite accomplir moi-même, voilà ce qui s'appelle lui emprunter sa force. Convaincre l'ennemi de se débarrasser de celui que je souhaite éliminer : voilà lui emprunter sa lame.* »

Lorsque nous sommes malheureux en amour, en amitié, dans notre travail ou dans notre famille, même dans le deuil et la perte des êtres chers, les instruments que l'âme adventice utilise pour nous voir plier à ses fins détestables sont ceux-là mêmes que nous devons reprendre pour porter haut les couleurs de notre émancipation.

La déception professionnelle se transforme en hallucination criminelle, l'amour malheureux se transforme en *sickamour* et ils deviennent tous deux des fenêtres permettant à la fois de mieux lire le tracé du labyrinthe pourri du mauvais Démiurge mais aussi, par l'observation du motif qui apparaît au cœur de celui-ci, de nous en sortir.

Dès que nous transformons notre passion en connaissance, dès que nous voyons notre malheur non comme une fatalité ou comme une embûche mais comme une matière identifiable et transformable, comme quelque chose que nous pouvons utiliser pour en faire *quelque chose d'autre*, alors nous reprenons l'épée des mains imaginaires de l'âme adventice et la retournons contre elle.

C'est cela que peuvent nous apprendre des années passées à galérer dans le circuit tordu du *sickamour* : nous nourrissons inutilement notre « illusion » par les tours que nous faisons en nous demandant et nous redemandant « pourquoi » ça n'a pas eu lieu.

Mieux vaut interrompre notre cirque en nous demandant, clairement, ce qui se serait passé si ça avait eu lieu. Quel aurait été le coût de ce soi-disant « bonheur » ?

Ce coût, bien entendu, je le connais déjà. Je le sais déjà, même si je ne sais pas que je le sais. Je sais que j'aurais été, pas un peu malheureux avec Selda, mais *très malheureux*. Si j'avais réussi à conquérir Selda corps et âme, qu'en aurais-je fait ? Serais-je devenu jaloux, persuadé qu'elle me tromperait comme elle avait trompé son mari ? Ou me serais-je finalement rendu compte que nous ne partagions pas tant de choses que ça, elle et moi ? Et que la raison pour laquelle nous ne nous en rendions pas compte est précisément que nous vivions dans la passion idiote de cette relation adultère ? Selda n'aimait ni les mêmes écrivains que moi, ni les mêmes cinéastes, ni les mêmes musiciens. Ce qui nous réunissait était surtout la fébrilité dans laquelle nous mettait le caractère incomplet de cette relation. En ne quittant pas son mari, elle nourrissait une frustration qui me la rendait aussi indispensable que la prise d'une drogue, mais, une fois libre de celle-ci, l'ennui aurait probablement succédé à la passion. Il était clair que nous étions tout sauf des âmes sœurs, puisque la colère que nous entretenions l'un vis-à-vis de l'autre faisait le piment même de notre passion. Avait-elle ne serait-ce que perçu une seule larme de ma souffrance ? Aurait-il pu en être autrement dès lors que ce qui nous réunissait nous désunissait simultanément ? Je sais que ce qui a motivé ce *sickamour*, c'est précisément qu'il était impossible, et que Selda n'existait ni sans son mari ni sans le désir qu'elle le quitte. De même je sais que « ma vie d'écrivain » n'existe pas indépendamment de mes échecs répétés lors de mes premières années d'adulte, de l'attente interminable lors de la sortie de mon premier livre et du voyage terrible au Japon où j'ai cru devenir fou. Oui : mon travail d'essayiste est en complète coordination, si ce n'est en totale fusion, avec ma crainte de devenir un « raté » et un « tueur de stars ». Seuls les ratés me touchent. Seuls les solitaires m'intéressent. Seuls les gens malheureux – professionnellement ou en amour – ont pour moi du sens en tant que personnes ; seules ces personnes me semblent choisies pour rendre compte de l'ordre mauvais de ce monde. Je le sais et pourtant je continue de vivre comme si je ne le savais pas. Je le sais et pourtant je continue de penser comme s'« il avait pu en être autrement ».

Ce monde, c'est l'enfer. Mais un jour nous serons comme Médée. Un jour nous brûlerons le théâtre des mauvais amours.

# L'HERBE LA PLUS IMPORTANTE DE MON HERBIER DE GUERRIER

Mon plus ancien rêve est également mon plus vieux souvenir. J'ai toujours pensé qu'il avait eu une grande influence sur le reste de ma vie et j'ai tenté de le retranscrire deux fois. Une première fois peu après mes vingt ans ; une seconde fois peu avant mes quarante.

« *Il s'agit d'une visite au zoo*, écrit le jeune homme que j'ai été. *Je suis avec mes parents et ma cousine, et nous nous tenons en attente devant la grotte d'une espèce de lama connu pour ne passer qu'à heures fixes. Nous attendons son heure et, lorsqu'il sort, il se contente de s'approcher et de tirer la langue avant de retourner, superbe, dans sa petite grotte.* »

Écrite sans que j'aie relu la précédente version, la seconde rédaction est sensiblement différente : « *Je suis au zoo avec mes grands-parents. Nous sommes face à un espace ouvert, protégés par un petit muret de pierres blanches, et nous attendons un animal qui doit sortir d'une grotte au milieu de l'espace. Il sort rituellement, à heures fixes, et fait une grimace grotesque avant de retourner dans celle-ci. L'animal tient du lama et de la biche.* »

Cette seconde version a été rédigée alors que je commençais une quatrième psychanalyse avec le docteur Gecko. Je m'étais rappelé ce rêve lors d'une conversation dans une fête avec une femme que je n'avais jamais rencontrée auparavant et avec qui une sorte de complicité spontanée s'était mystérieusement installée. Pendant notre conversation, elle m'avait raconté ce qu'elle considérait être son plus ancien souvenir ou son premier rêve : la vision d'une créature moitié-homme moitié-cerf dans une ferme isolée apparaissant devant un mur rouge. Il est possible que le cerf de la jeune femme ait influencé mon lama de sorte qu'il se transforme sensiblement en biche. Si l'homme-cerf de la jeune femme rappelait Cernunnos, le dieu celte aux bois de cerf dont on ne sait presque rien mais qu'on retrouve jusque sur le pilier des Nautes de Lutèce, conservé au musée de Cluny, le lama de mon rêve, par contre, renvoie plus probablement à celui de *Tintin et le temple du Soleil*, qui crache au visage du capitaine Haddock et au sujet duquel un petit enfant dit : « *Quand lama fâché,* señor, *lui toujours faire ainsi.* » « *Qui est-ce qui m'a fabriqué des animaux pareils ?* », demande alors Haddock en s'essuyant le visage.

Le mot clé, ici, est « *fabriqué* ». L'idée principale est celle de l'association de l'animal avec une mécanique créée par l'homme – et qui rappelle la notion détestable et stupide de Descartes qui fait des animaux des machines. Le sens du rêve est celui de l'attente d'un acte rituel, minutieusement préparé : cet acte rituel se présente comme une grimace ou une attaque-surprise, mais une surprise précisément réglée pour l'amusement du spectateur. L'acte rituel chaotique ou violent y est, en réalité, le garant de la perpétuation du temps.

Ce lama est donc la première apparition de Dieu dans ma vie. Le lama est mon « premier dieu » comme l'Ours est le premier dieu de l'humanité dont la « sortie de la grotte » marque le début de Carnaval. Le « pet de l'Ours » est ici remplacé par la grimace, la langue tirée ou le crachat du lama. C'est cette « sortie de l'Ours », que je ne connaissais pas à l'époque et dont je n'ai appris l'existence que très tardivement à travers des recherches obstinées, qui semble le moteur de toute ma quête esthétique dont ce rêve est l'annonce, presque la prophétie cryptée. Le lama devenu « défenseur du Temps », c'est *Tintin et le temple du Soleil*, mais regardé d'un point de vue métaphysique ou spirituel.

Un élément s'ajoute qui peut aider à expliciter ce rêve. Enfant, j'étais fasciné par l'automate du quartier de l'Horloge : *Le Défenseur du temps* de Jacques Monestier, qui date de 1979 et que j'allais observer régulièrement le samedi avec mon père lorsque nous passions par le quartier des Halles. *Le Défenseur du temps* était un homme se battant, avec une épée, contre trois animaux : un oiseau représentant le ciel, un dragon représentant la terre et le feu et un crabe représentant la mer. Toutes les heures il combattait pendant une minute l'un des animaux qui se mettait à s'animer sur des sons de vagues, de grondements de terre, des crépitements de feu ou de souffles de vent. Faute de financement, l'horloge a arrêté de fonctionner depuis 2003 et n'a jamais été réparée.

Deux mille trois : date symbolique s'il en est. On peut dire qu'après ce dernier instant de grâce fugitif – le fameux discours de Dominique de Villepin à l'ONU expliquant le refus de participer au meurtre de masse du peuple irakien – la France est définitivement sortie du Temps pour entrer dans la mort. Deux mille trois : c'était pourri avant, mais maintenant ce serait mort. Le retour de la France dans le commandement intégré de l'Otan, les débats sur l'identité nationale, le bombardement de la Libye, l'islamophobie comme sport national, l'acharnement contre les Roms, les attentats de 2015, l'éborgnement des Gilets Jaunes, l'incendie de Notre-Dame, etc. Tout ça parce qu'on n'avait pas réparé l'horloge de Jacques Monestier ? J'ai connu des causalités moins mystérieuses.

Deux mille trois : J'ai vingt-huit ans. J'arrive rue de Maubeuge, dans le 9e arrondissement. C'était juste à côté du 4 de la rue Choron (lieu de naissance de *Hara-Kiri*) et d'une permanence UMP tenue par Pierre Lellouche (le plus détestable des UMPistes néoconservateurs). C'est un peu le moment où je suis « devenu adulte ». Mes parents étaient retournés vivre à Genève, je faisais des films avec Thomas Bertay, *Spectre* était fini et j'avais publié un livre. Je terminais d'écrire le deuxième.

Après 2003, en France, tout a commencé à déconner vraiment. Manifs contre le CPE, chute de Villepin dans les sondages, Sarkozy s'impose à l'UMP, dans les médias, chez les stars, chez les Français... Il remporte les élections. Je pense que je n'aurais pas vraiment eu besoin de réfléchir à des questions politiques si nous étions restés en alternance Chirac/Jospin. La chiraquie et les jospiniens ne m'inquiétaient pas. Ils ne m'étaient pas aimables mais je ne les détestais pas. En gros, je m'en fichais. En ce sens, je dois quand même remercier toutes les âmes ravagées qui ont voté pour Sarkozy : grâce à elles, j'ai été obligé de *réfléchir politiquement*. Avant, l'injustice de ce monde était beaucoup trop facilement tolérable pour moi. Ce monde, ça a toujours été l'enfer – mais je ne voulais pas le voir, et j'y arrivais. Avec un démon au faciès ricaneur comme président, par contre, je n'y arrivais plus. Et je n'avais pas le choix : je devais me coltiner la question de ma propre impuissance politique. Je devais me coltiner la question de mon indifférence précédente comme de ma frustration actuelle.

Parce que le 16 mai 2007, jour sinistre où Sarkozy a été élu président, j'ai vraiment eu l'impression que le monde m'avait rattrapé. Plus rien ne serait pareil. Ça nous avait rendus totalement aphasiques, déjà. Épouvantés et éberlués, chacun pouvait raconter la façon particulière qu'il avait eu de mal vivre l'après-élection. Certains étaient restés dans un bar (il pleuvait tellement), d'autres faisaient la gueule directement chez eux. Certains tentaient de minimiser l'événement. D'autres y voyaient les prolégomènes à la fin du monde. Thomas Bertay avait eu une hallucination : il était persuadé que Ségolène Royal avait gagné ! En voyant l'image de la rue de Solférino quelques minutes avant la révélation du vainqueur, il avait eu l'impression que les militants PS faisaient la fête, joyeux, victorieux…

Face au ciel couleur encre de seiche, plus en colère encore que les hommes, je discutais comme si on était en pleines funérailles avec Kader, l'épicier de la rue Choron, toujours mélancolique et toujours habillé en noir. Kader était rasé de près, les cheveux courts et je n'ai jamais su son nom de famille. Il votait « utile », comme on disait à l'époque, mais, à part le fait qu'il ne pouvait pas sentir Sarkozy, il ne faisait pas de politique. Il avait d'autres problèmes : les siens.

Depuis 2003 et mon arrivée rue de Maubeuge, j'en avais suivi, des événements dans la vie de Kader. Le divorce de ses parents, le remariage de son père en Algérie, son frère complètement asocial qu'on voyait parfois errer dans les quartiers comme un clochard, ses tentatives de changer de métier, ses crises de dépression, toutes les fois où son père était obligé de le remplacer, toutes les fois où il revenait, guéri de sa dépression et prêt à affronter toutes ces journées absurdes, son mariage, les premiers jours, pleins de joie et de malice, de sa vie avec son épouse, les luttes entre son père et sa mère, les luttes de son père contre son épouse, les luttes de son épouse contre son frère, son divorce, ses tentatives pour retrouver sa femme, sa chute dans l'alcool, sa sobriété retrouvée, sa rechute et sa remontée, son athéisme et finalement son suicide, une nuit, dans la cave de son épicerie, en 2008, un an après l'élection de Sarkozy. C'est quand Kader a cessé d'être là que j'ai vraiment voulu partir ; c'est quand Setsuko m'a quitté que je suis parti pour de bon. Je n'avais plus rien à faire, sans eux, rue de Maubeuge, avec la permanence UMP de Pierre Lellouche qui me narguait en permanence, tout seul, à chaque fois que je sortais de chez moi.

C'est idiot, mais l'élection de Sarkozy a eu une très grande importance pour moi. Aussi grande que le suicide de Kader. Je savais que Sarkozy était allé voir Bush aux États-Unis et, s'il y avait une seule chose que je retenais de bien des trucs que les politiciens avaient faits en France depuis que j'étais adolescent, c'était l'opposition à cette abomination qu'avait été l'invasion du Golfe par les troupes américaines, à partir de mensonges grossiers sur les armes de destruction massive, pour ne rien dire de Colin Powell paradant aux Nations Unies avec une fiole de pisse en guise de preuve.

L'opposition à l'invasion du Golfe est la seule chose de ma vie que j'ai trouvée bonne de la part d'un gouvernement français et je ne voulais pas que Sarkozy, qui avait décidé d'aller draguer Bush, soit président. C'était devenu si obsessionnel que j'en faisais des rêves. Moi qui ne votais jamais, je rêvais que j'allais voter et je me retrouvais dans ces maisons aux étages qui se multiplient, ces portes qu'on n'arrive pas à ouvrir et ces lieux où il fallait se rendre en grimpant à une corde ou en traversant des marécages. Dans un des plus étranges, je rejoignais même le conseil secret de l'Internationale gaulliste, rénovation de l'Ordre du Temple, fondé par le révérend père Martin et deux *coco girls*, dans un horrible petit local, plein de petites pièces suspendues par des ficelles incertaines, difficiles d'accès, aux échelles trop petites, et aux bacs à sable entrelardés de courants d'eau sale. Je retournais en arrière, tentais de rattraper le temps perdu, courais dans les rues en cherchant le bureau de vote comme si ça allait changer quoi que ce soit. On m'indiquait l'école qui servait d'annexe à la mairie : dans un lieu près des falaises du 9e arrondissement, qui donnait sur la mer.

Il faisait nuit, ils dépouillaient déjà, on allait fermer, mais on me laissait entrer *in extremis*. J'avais mon bulletin dans mon portefeuille, mais je ne le retrouvais plus. Un petit enfant, pour me taquiner, s'en était emparé, je lui demandai de le placer dans l'urne et lui donnai une pièce pour le faire, mais je le vis soudain déchirer le bulletin et se mettre à pleurer. Habitué aux sorties astrales, je volai alors d'un vol lourd, pesant, et tournai vers la gauche en remontant la rue de Rochechouart. J'atterris dans une sorte de hangar, éclairé violemment par des néons. Il y avait des réfugiés par centaines, blessés, malades, sous-alimentés, avec des chiens et des ribambelles d'enfants. Tout tourbillonnait autour de moi.

J'allais très mal. Et le jour des élections arriva. Et Sarkozy fut élu.

Le soir même, j'ai lu un passage d'un roman de Castaneda qui m'a beaucoup plu. Ce passage, je ne l'ai pas retrouvé depuis. Je ne sais plus dans quel livre de Castaneda il se trouve. Peut-être même n'a-t-il jamais existé que dans mon imagination. Mais en gros, Carlos, le jeune ethnologue bébête, parle à Don Juan, le chamane, et lui dit :

— Oh, pauvre de toi, tu dois être bien malheureux quand tu penses au bonheur dans lequel vous viviez, vous les Indiens, avant que les Blancs arrivent. Ça a dû être terrible, cette extermination, et ça doit être encore plus terrible pour toi aujourd'hui de vivre dans ce monde qui a été créé par et pour tes oppresseurs.

Et Don Juan le regarde, halluciné, comme s'il avait affaire à un type totalement à côté de la plaque. Et il lui dit :

— Mais qu'est-ce que j'en ai foutre ? Je suis un guerrier. Je ne demande pas au monde de ressembler à ce qui me ferait plaisir. Je n'attends pas de la vie qu'elle me convienne.

Je ne regrette pas un passé qui ne reviendra pas. Je n'espère pas un avenir qui ne viendra pas. Je suis un guerrier. Je n'espère rien, je ne me plains pas. Je me bats.

Ça m'a beaucoup plu. Et à partir de ce moment, j'ai cessé de me plaindre de la situation présente, j'ai cessé de regretter ce que je ne pouvais pas changer, et j'ai essayé de faire ce qui me semblait juste. J'ai essayé de *faire ce que je faisais*. C'est-à-dire que j'ai arrêté de pleurer sur l'injustice du monde et mon impuissance politique et j'ai appliqué la morale du guerrier à mon activité. Un guerrier ne fait pas de politique. Il ne pleurniche pas. Il fait ce qu'il fait : c'est tout.

Je sais que les romans de Castaneda sont des romans. Et je ne sais pas s'il a jamais existé un chamane qui ressemble au personnage de Don Juan. Mais depuis, j'ai lu les textes attribués à Mani et aux manichéens et je sais que c'est ce que pensaient également les Sans Roi : eux qui voyaient le monde comme un combat entre la Lumière et les Ténèbres, depuis le plus petit atome jusqu'à la plus grande étoile. Un combat se situant tout d'abord à l'intérieur de notre propre cœur.

Mani considérait la Lumière et les Ténèbres comme des principes séparés dans le moment initial et qui se sépareraient à nouveau au moment final. Mais le moment médian, à savoir le Temps ou l'Histoire, était toujours le lieu de leur mélange. Il y a donc de la lumière et de l'obscurité dans chaque homme (même Sarkozy !), de la lumière et de l'obscurité dans chaque doctrine (même le néoconservatisme !), de la lumière et de l'obscurité dans chaque tradition (même le christianisme !) Les manichéens adoraient le soleil, l'eau, les arbres, les plantes, les animaux « *parce que dans tout être beau, la divinité de lumière a pris demeure* », disaient-ils.

Pour Mani, la tâche de l'homme est toujours de tout faire pour que le germe de Lumière prenne le dessus sur les puissances ténébreuses. Existait-il un principe de chevalerie spirituelle plus beau ? Existait-il une manière de décrire la Guerre de l'âme plus adéquate ?

Dans chaque cœur, dans chaque vie, dans chaque culture : le combat de la Lumière et des Ténèbres. Et pour chaque cœur, pour chaque vie, pour chaque culture : il faut se battre pour la Lumière et lutter contre les Ténèbres. Et c'est comme la maladie, c'est comme une névrose et ses symptômes : on les combat quelque part, et ils réapparaissent ailleurs. Ils ne disparaissent pas, parce qu'ils ne sont que la manifestation provisoire d'un principe qui ne se laissera pas anéantir, un mal qui fait corps avec le Temps. Ce sera toujours la guerre. Et ce n'est pas triste. Il suffit de faire ce qu'on fait.

Ça ne sert à rien de regarder le passé en se demandant ce que nous avons perdu. Ce qu'il faut, c'est lutter au présent pour défendre ce qui nous semble juste. Et pour ça, il faut également lutter contre l'arme suprême des Ténèbres : la capacité à nous faire minimiser nos victoires et surestimer nos pertes. Les Ténèbres sont toujours plus fortes quand elles réussissent à nous convaincre qu'elles gagnent toujours et que nous perdons sans cesse. Mais ce n'est pas une vraie perte, ce n'est pas une perte essentielle : nous n'avons jamais vraiment perdu devant les Ténèbres tant que nous sommes restés fidèles à nos principes.

Tant que nous n'avons pas trahi nos idéaux, tant qu'elles n'ont pas changé nos cœurs, tant que nous ne sommes pas devenus amers ou malveillants, quels que soient les échecs affrontés dans notre vie, quels que soient les torts qu'on nous a faits, les Ténèbres n'ont pas avancé d'un millimètre. Elles ont reculé.

L'arme permanente des Ténèbres, c'est cette habitude lamentable de sans cesse ressasser nos défaites, sans cesse nous rejouer nos échecs, sans cesse nous plaindre et nous demander ce qui se serait passé si... L'arme permanente des Ténèbres, c'est la pensée au conditionnel ou à l'imparfait.

Pour cesser de vivre dans cette prison de récits au conditionnel ou à l'imparfait, il nous faut transformer notre mémoire en un tout petit livre intérieur, pas plus gros qu'un herbier. Un livre inscrit dans notre cœur qui soit *un recueil clair de nos épreuves passées*. Pas pour nous enorgueillir, pas pour nous plaindre, mais pour savoir comment nous en sommes arrivés là et pour nous rappeler que la guerre n'a jamais cessé.

C'est ce livre que j'écris aujourd'hui. Il est dans un certain désordre chronologique, mais, en matière de logique pulsionnelle, il répond à une classification du même type que l'herbier dans le registre botanique. Il correspond à l'extraction du labyrinthe de malheurs dans lequel je n'ai cessé de retomber, et dans lequel je retomberai toujours, mais face auquel je ne dois cesser de me rappeler ce que j'aime, veux, sais, fais et suis. L'herbe la plus importante de mon herbier, je l'ai reçue ce jour où un chamane s'est foutu de ma gueule parce que je croyais que j'avais tout perdu du fait que Sarkozy était devenu président.

## Celui qui se plaint de ses amis ne sait pas ce qui l'attend dans l'autre monde

Dans le labyrinthe, tous les gens que nous rencontrons sont des âmes errantes qui, elles aussi, cherchent une issue : une porte pour sortir de leur répétition de malheur ; une fenêtre pour s'assurer qu'il existe bien un autre monde que cet enfer. Dans la prison de mort qu'est la vie, nous sommes tous des prisonniers. Même les gardiens ne peuvent sortir. Ils tirent la gueule devant les barreaux et, s'ils pensent que leur condition sera meilleure en collaborant avec le directeur, ils finissent toujours par payer cher le prix de cette collaboration avec le Démiurge : en suscitant une haine légitime, en ne pouvant pas affronter un regard (et pas même celui de leur miroir), en devant rêver une autre vie que la leur et en craignant qu'on vienne les étrangler pendant leur rêve. Tous ceux que nous avons rencontrés sont potentiellement des guides, des adjuvants ou des opposants, des obstacles ou des facilitateurs. Tous ceux que nous rencontrons sont potentiellement des « signes vivants » dans le texte sacré de notre vie.

Notre vie est l'improbable fruit, non seulement de lectures, d'écoutes et de visions, mais surtout de rencontres. Notre vie, c'est beaucoup de vies, et notre identité, c'est beaucoup de gens. De même que nous tissons et détissons au cours des jours la trame de nos corps, dont les molécules font ainsi la navette, amis, amours, célébrités et inconnus, copains de fortune ou complicités de vingt ans tissent et détissent notre visage. Jusqu'à nos quarante ans environ, les équilibres ou les déséquilibres de l'instruction et de l'amitié ne sont jamais évidents : il y a des crapules qui nous ont beaucoup aidés, et des anges qui nous ont laissé gésir comme des morts. Il y a des amis qui sont adorables et qui nous laissent crever comme des porcs, et d'autres, coincés ou bizarres, qui transforment notre cœur, nous font grandir et aimer davantage. C'est à la façon dont nous nous sentons ensuite que nous devrions évaluer la qualité d'une amitié. Face à l'amitié, on ne doit jamais nous reprocher ou se reprocher quoi que ce soit. Les chantages sont incessants ; les procès sont si pénibles, les obligations si peu nécessaires ; l'insistance est si courante qu'on en oublierait presque que l'amitié est et doit être de l'ordre de la décision la plus intime et la moins contraignante possible. On ne devrait jamais demander son amitié à quelqu'un. On ne devrait rien attendre et n'accepter de recevoir que le nécessaire. Mais pour cela, il faut avoir écumé beaucoup de demi-amis, de presque amis et de faux amis.

Dis-moi qui sont tes amis, je te dirai non pas qui tu es, mais où tu en es. La plupart du temps, l'amitié est un phénomène aléatoire pire encore que le choix d'une place où se garer. On est ami mais on ne sait pas pourquoi. Pourtant on devrait être très difficile en amitié. C'est là où on devrait se permettre d'être le plus difficile.

Nous sommes étranges. Nous ne trouvons pas tolérable qu'un relou insiste trop longtemps pour sortir avec une femme. Nous estimons, avec raison, que, une fois que le relou a reçu une réponse négative, s'il revient à la charge, il devient importun. Pourquoi ne considérons-nous pas comme une forme de nuisance analogue – certes mineure mais cependant réelle – ces personnes qui insistent sans cesse pour nous voir, boire un verre, se lier à nous, passer une soirée avec nous ? C'est dingue : à chaque fois que nous refusons de passer quatre heures à écouter ou à regarder manger des personnes dont nous nous contrefoutons, nous nous sentons coupables. C'est totalement fou. Pourtant c'est le cas.

Pendant longtemps, j'ai été fataliste, et presque bouddhiste, en amitié. J'estimais que la personne que l'on mettait face à moi était *de facto* mon amie, qu'il lui suffisait de le décréter et que je devais automatiquement l'accepter, en faire mon interlocuteur. En réalité, nous forçant à croire à cette « amitié de fortune », le Démiurge ou l'âme adventice exercent sur nous le quatrième stratagème des guerriers chinois : *Yi yi dai lao, « Attendre tranquillement pendant que l'ennemi s'épuise. »* Ensuite de quoi, par la tristesse qui résultera de notre mauvais compagnonnage, ils arrivent au cinquième : *Chen huo da jie, « Piller les maisons qui brûlent. » « Si l'ennemi vient de subir un grand dommage, sauter sur l'occasion et en tirer profit.* » À dix-huit ans, en tout début de première année de faculté à la Sorbonne, je m'étais laissé entraîner dans un « groupe d'amis » : Benjamin, Eugène et Julie…

C'étaient des espèces de droitards catholiques et royalistes modernes. Ils étaient ironiques, hautains, sentencieux et sûrs d'eux. Qu'est-ce que je foutais avec eux ? À cette époque je m'habillais toujours en costume trois pièces noir avec un long manteau noir, un chapeau, des cravates : j'étais apprêté, presque déguisé dans ma panoplie de *« old fashion victim »*, mais ça masquait surtout mon manque d'assurance, et un mal-être évident… J'étais le jeune mec coincé qui essayait de faire quelque chose avec les autres, et eux, ils étaient quoi ? Ils étaient supposés être mes copains mais ils multipliaient les petites perfidies, jusqu'à un soir, une nuit blanche dans le Quartier latin, entre Chez Georges, rue des Canettes, et Le Départ Saint-Michel, où ils m'ont carrément improvisé un « procès », mettant « à nu » mon orgueil puéril, le narcissisme névrotique que je faisais passer pour de la fantaisie, la vanité masquée derrière mes bonnes manières et mes costumes tarabiscotés.

Une fois qu'ils m'eurent bien foutu par terre, ils me souhaitèrent une bonne nuit avec des gueules d'enterrement – leurs gueules habituelles – et ils rentrèrent tranquillement chez eux alors que je traînais au sol, l'âme en miettes. Hallucinante méchanceté. Ils étaient si cons, si perfides et si froids qu'ils avaient complètement éteint ma volonté et même ma joie de vivre. L'âme adventice pouvait se préparer à piller la maison qui brûle. Le soir du 1er février 1994, comme un zombie, après une journée passée à ruminer leurs conneries, je m'étais rendu dans une pharmacie du 15e arrondissement, face au métro aérien, pour acheter une boîte de somnifères. Le soir tombait sur le boulevard de Grenelle et mon cœur était lourd. J'avoue : j'étais bien bébête si je m'imaginais qu'une boîte de somnifères suffirait pour en finir !

Au 20, rue de la Fédération, quatorzième étage, mon piano devait être accordé et je recevais le monsieur qui testait le clavier avec du Scriabine… Au moment de payer, je me rendis à la cuisine, j'avalai les cachets, je revins et donnai les billets au monsieur qui repartit par l'ascenseur alors que je commençais à avoir des vertiges et des frissons. C'était le moment où mon père rentrait. Il me vit, livide, les yeux exorbités, claquant des dents, alors que tout tournait comme une toupie autour de moi. Il commença à s'affoler : je lui dis tout, tout de suite. Il se mit à paniquer, me demanda de ne surtout pas m'endormir alors qu'il appelait SOS Médecins, et me fit boire sans discuter le contenu d'une cafetière entière.

En moins de dix minutes, le doc arriva. C'était un type gros et doux ; il nous calma tout de suite :

— Paniquez pas, les gars. Il en aurait fallu une cinquantaine pour vous tuer. Les désirs d'en finir sont très courants chez les jeunes : on ne laisserait jamais de doses mortelles de barbituriques disponibles dans le commerce. Vous imaginez un peu l'hécatombe… En revanche, vous risquez quelques hallucinations, les prochaines heures. Vous êtes drôlement stressé. Essayez de vous endormir, ce serait le mieux.

Mon père était rassuré, mais si triste. Et j'étais triste aussi, mais surtout je me sentais con et un peu sale. On partit ensemble au resto thaï de la rue de la Fédération, Erawan, alors que je voyais des visages sortir des voitures, des visages sortir des vitres, des visages sortir des tableaux et des frises du restaurant… Là, devant deux soupes thaï, je lui expliquai que j'étais malheureux à en crever dans cette Sorbonne de malheur. Et je lui racontai Benjamin, Eugène, Julie… Les journées passées à parler littérature mais aussi les soirées passées à écouter leurs perfidies…

— Mais c'est qui, ces mecs ? me demanda mon père. Qu'est-ce que tu as à traîner avec des gens qui te critiquent sans arrêt et te font des histoires ? Envoie-les chier.

J'écoutai mon père. Je refusai de revoir Benjamin, Eugène, Julie… Pendant un moment, dans cette fac de malheur, j'étais bien seul. Mais ça ne dura pas. Très vite, d'autres personnes se présentèrent, bien meilleures : je recommençai à avoir une vie amicale et ne regrettai pas longtemps mes droitards royalistes catholiques. Oh, well. Quand on est jeune, on rencontre facilement des gens. Il ne nous fait aucun mal d'être un peu difficile. Il est même largement préférable de refuser de s'en laisser compter par des personnes qui moralement, intellectuellement, affectivement, nous choquent par leur connerie et leur suffisance. Mais on met tant de temps à s'en rendre compte. On est habitué à croire le contraire.

Moi-même, j'ai mis presque quarante ans à l'apprendre, en vrai. Je n'ai pas cessé d'accorder ma confiance à des personnes qui ne le méritaient pas, qui m'ont ensuite craché à la gueule, en public ou en privé, en face ou derrière mon dos... Je ne voyais pas. Je n'avais pas appris à voir. La mauvaise compagnie nous mine moralement ; elle est l'arme principale de l'âme adventice, qui l'utilise pour sa guerre psychologique. L'âme adventice utilise les « amis merdiques » comme un stratège utilise la démoralisation pour gagner sa guerre contre nous. Liddell Hart l'explique très bien : les très grands guerriers commencent par démoraliser leur adversaire ; ils savent que la guerre est gagnée quand celui-ci est persuadé de perdre ; pour cela, bien avant de faire le moindre mouvement, ils ne cessent de le miner indirectement et de le faire se sentir comme une merde. C'est à ça que servent les faux amis pour l'âme adventice, ils sont les principaux soldats de sa stratégie indirecte. Une fois que leur fréquentation nous a fait perdre toute estime de nous-mêmes, elle emporte le morceau et nous fait faire ce qu'elle veut.

On peut repenser à la phrase de Jésus : *« Vous les reconnaîtrez à leurs fruits. »* Celle-ci s'accorde parfaitement à notre problème. Nous reconnaîtrons nos amis à leurs fruits. On doit être égalitaire partout, sauf dans l'amitié. L'amitié est notre seul luxe ; c'est l'unique pratique qui ne souffre absolument pas la charité, la demi-mesure, l'indifférence ou l'abnégation. On doit vouloir le bien du monde entier et l'abolition de tous les privilèges, le partage de toutes les richesses et les bénéfices du travail aux travailleurs eux-mêmes et non à ceux qui les exploitent. On doit faire tout ce qui est en notre pouvoir pour ne jamais reproduire l'injustice dans nos rapports sociaux. L'égalitarisme reste la forme totalement indépassable du projet politique et le seul qui puisse être pris au sérieux. Mais il devrait être interdit de passer une soirée avec une personne qui vous ennuie ; il devrait être interdit d'ennuyer quelqu'un ou d'accepter d'être ennuyé.

On ne devrait avoir que des amis qu'on respecte. On ne devrait avoir que des amis qu'on aime. On ne devrait avoir que des amis qu'on admire. On ne devrait jamais fréquenter personne qui nous fasse honte, qui nous fasse mal, qui nous fasse chier. Quand ce n'est pas le cas, tout se met toujours à déconner de toute façon.

Aime tes amis, la Terre t'aimera. Les mauvaises rencontres se retournent contre nous et c'est toujours celui que nous avons plus ou moins toléré par indulgence, par pitié, par fascination malsaine ou par lâcheté qui se révélera le pire connard de tous les mondes. C'est la personne que nous avons suivie bon gré mal gré, celle dont nous nous sommes dit : « Je ne la sens pas complètement », dont nous nous rendrons compte, plus tard, qu'elle ne nous a fait que du mal dans toutes nos vies. Nous avons, non seulement le droit, mais même le *devoir* d'être absolus dans l'amitié comme dans l'amour. L'amitié est une passion qui, pour n'être pas exclusive, relève de notre relation intime à la divinité. Celui qui se plaint de ses amis ne sait pas ce qui l'attend dans l'autre monde.

De même, on doit être fraternel partout, sauf dans l'art. L'art est aussi grave que l'amitié. Ce qu'on regarde, ce qu'on écoute, ce qu'on lit, c'est exactement comme qui on aime, comme qui on est. Nos yeux, nos oreilles sont précieux. Ils ne devraient pas être maltraités avec des choses aussi affreuses que de la « culture » ou du « divertissement » alors qu'il n'y a que l'art qui soit susceptible d'agir comme nourriture pour nos devenirs. De même qu'il est déconseillé de boire un café avec une personne qu'on n'estime pas, il devrait être interdit de passer une heure devant une œuvre d'art qui nous déplaît.

Ce monde, c'est l'enfer. Dans ce monde, les premières nécessités sont plus difficiles à obtenir que le luxe de posséder une filmographie de quatre mille titres, une bibliothèque de sept cents livres ou trois cents disques de musique. C'est tellement absurde et obscène qu'on n'en parle jamais, pourtant on ne devrait pas cesser d'en parler tant que ce ne sera pas réglé. Dans ce monde, un film est meilleur marché qu'un sandwich. Un livre est au prix d'un paquet de cigarettes. Bientôt un Pléiade coûtera moins cher qu'une bouteille d'eau. Cela ne dit certainement pas le respect de notre monde pour l'art mais, bien au contraire, son immense mépris. Je ne trouve pas du tout positive la facilité avec laquelle on peut se procurer des livres ou des disques, puisqu'elle ne fait que redoubler la difficulté que nous avons à nous loger ou à nous procurer les produits de première nécessité. De la part de nos gardiens de prison, cela veut tout simplement dire : nous tenons entre nos griffes les peuples affamés et misérables par la nourriture, le logement, l'eau, la santé. Mais on peut bien leur laisser l'art : ils joueront avec cette bricole. Je ne suis vraiment pas sûr que l'art ne perde pas à être si peu cher. Je suis sûr, en tous cas, qu'il n'y gagne rien.

Sur le fond, je pense que le logement, les transports, la nourriture et les soins médicaux devraient être gratuits (ou, à la limite, à bas coût) et qu'on devrait permettre à n'importe qui de vivre, tout simplement vivre... Mais un livre ou un DVD devraient coûter un certain prix. On ne devrait pas travailler pour se payer à bouffer mais pour se payer un DVD de Bertrand Mandico, un disque d'Eyvind Kang ou un livre de Chloé Delaume. C'est ça qui serait logique. Des œuvres que les artistes mettent un an minimum à réaliser ne devraient pas être des trucs qu'on puisse obtenir avec l'indolence d'un gadget. Ça ne sert pas à ça, l'art. Nous ne faisons pas un art pour les boulimiques.

On nous trompe quand on nous dit que les grands artistes sont de piètres amis. On se raconte des histoires pour se faire peur, ou pour perpétuer une espèce d'ambivalence émotionnelle qui est toujours un peu la nôtre lorsque nous sommes face à des gens détestables et qu'à juste titre nous détestons mais que, par les tours de cochon de l'âme adventice qui réside en nous, nous désirons aimer quand même. C'est la source de la fascination française pour les grandes figures de pervers et de manipulateurs dans le domaine intellectuel, de Voltaire à Houellebecq. C'est par cette obsession culturelle répugnante pour les « salauds de génie » que le Démiurge gagne du terrain et trouble notre cœur en appliquant le septième stratagème des guerriers chinois : *Wu zhong sheng you, « Transformer le mirage en réalité. »* Ce qui est naît de ce qui n'est pas. On se fait peur avec des ombres. On se laisse impressionner par des buses.

C'est Faysal Riad et Pierre Tévanian qui me l'ont expliqué. Par cette notion du « salaud génial », les intellectuels et leurs suppôts soit excusent leur propre propension à la saloperie (pensant qu'il s'agit d'une des qualifications du génie), soit excusent leur propension masochiste à se laisser dévaster par des salauds (pensant que, ainsi, ils les aident à épanouir leur génie). Cette fascination pour les « salauds de génie » rejoint totalement celle des victimes pour leurs bourreaux, et même celle des individus non criminels pour les *serial killers*. C'est de ça que parle *The House that Jack Built* de Lars von Trier : non pas de la coexistence, en un même homme, du *serial killer* et du génie, mais de la croyance en cette coexistence. Le tueur du film, Jack, n'est pas un génie. C'est un con prétentieux et pleurnichard et ses crimes n'ont vraiment rien d'artistique, à part dans sa tête : c'est juste un charnier dégueulasse. Mais il réussit à se persuader, par son arrogance, que son insensibilité à la souffrance d'autrui est quasiment une qualification au rang de grand artiste – et, à partir de celle-ci, il construit un discours biaisé auquel le film ne croit pas mais qui nous permet d'évaluer le degré de crédulité de son spectateur. Jack est en enfer – ce monde n'est pas autre chose – et nous aussi si nous croyons à toutes ses justifications culturelles tordues.

Si nous sommes fascinés par les « salauds de génie » ou par les *serial killers*, ce n'est pas pour le génie qui est en eux, mais parce que cette hypothèse excuse nos saloperies ou donne une forme à notre masochisme. Ainsi, l'âme adventice gagne du terrain et nous amène, petit à petit, à l'adoration pour le « salaud de génie » et *serial killer* suprême qu'est le Démiurge : ce créateur du Ciel et de la Terre tellement insensible à la souffrance humaine qu'il n'a cessé de varier les façons que nous avions de pouvoir en baver… L'adoration pour les « salauds de génie » est une des formes que prend la guerre d'usure du Démiurge, de même que celle pour les « chefs d'État » insensibles genre Napoléon – que l'on devrait admirer pour leur « génie » historique, sachant que leur très grande saloperie est consubstantielle à leur « réussite » historique – une réussite qui s'apparente surtout à une boucherie à très grande échelle, une réussite qui correspond à la mort de milliers d'êtres humains pour nourrir une stupide gloire.

On doit être libre de tout, sauf de faire des compromis avec notre vision. Ce que les amis que j'admire m'ont appris, c'est qu'on ne doit jamais cesser de lutter contre les sirènes du bénéfice personnel pour garder intacte notre éthique initiale ; et cette lutte nous définit. Ce que les artistes que j'aime m'ont montré, c'est qu'on aura toujours raison de ne pas se laisser avoir par les fables du monde, et cette clairvoyance nous offre notre véritable visage. Ce monde essaie de nous faire croire que nous devons faire des compromis. Cette vie nous enseigne qu'il ne faut en faire aucun. Ce monde essaie sans cesse de nous convaincre de faire des choses qui nous déplaisent en vue d'en faire d'autres qui nous plaisent plus tard. Cette vie nous démontre en permanence l'inverse : seul celui qui a fait tout le temps ce en quoi il a cru a obtenu la vie qu'il désirait. Mais ce n'est pas simple de savoir ce dont on a vraiment envie. Il faut avoir le cœur pur pour être capable de vouloir ce qui ne nous nuit pas. Il faut avoir combattu contre l'âme adventice pour que notre voyage sur la Terre soit un voyage d'âme.

Ce que les grands artistes nous démontrent sans cesse, c'est qu'on gagne tout à être libre, à refuser le cynisme et la corruption, à travailler sans cesse à des projets qu'on nous prétend impossibles, à refuser les petits choix et les petites amours ; ce que les grands vivants nous montrent toujours, c'est qu'on ne gagne rien à se priver, ni à priver autrui, de quoi que ce soit, et que la liberté est toujours la mélodie dont le chaos de la vie a besoin pour ne pas s'effondrer sous les constructions délétères du monde.

## Rencontre avec celui que les autres voient en nous

Les déceptions amicales font partie des plus grandes peines de ma vie. C'étaient des retournements violents de gens que je considérais comme mes proches ; des êtres qui, je le croyais, m'aimaient comme je les aimais ; des frères pour lesquels je me serais tranché la main plutôt que de leur faire du mal ; des sœurs que je sentais plus près de moi que ma veine jugulaire mais qui, soudain, se mettaient à me cracher à la gueule en souriant de toutes leurs dents.

Dante place les traîtres dans le neuvième cercle de l'enfer. Ce n'est pas étonnant : rien ne révèle plus le caractère démoniaque de cette vie que la découverte d'une trahison ; rien ne transforme davantage ce monde en une annexe de l'enfer. Cependant, plus encore que bien des souffrances, les trahisons amicales sont de fabuleux instruments de connaissance. Et elles peuvent se révéler une excellente matière noire pour une métamorphose.

Nous sommes des guerriers. Nous ne devons pas nous plaindre ; nous devons nous améliorer. Et la trahison d'autrui peut être notre escalier vers la Lumière. Si l'on veut se construire un cœur d'or, il faut avoir avalé beaucoup de crasse. Sinon, notre bon cœur reste un cœur de plomb. Il sonne creux.

C'est la règle. Mais pour cela il faut avant tout cesser d'en faire une affaire personnelle. Il faut quitter l'émotion subjective de la trahison pour en faire un véritable terrain de combat spirituel, à l'air libre. Une trahison se situe très superficiellement entre l'ami et nous. À travers l'ami, c'est toujours un archonte qui nous parle, c'est-à-dire un mauvais ange, un oiseau de malheur, un émissaire de la fausse divinité : quelqu'un qui essaie de nous culpabiliser pour nous faire chuter, quelque chose qui essaie de nous rendre tristes afin de nous tirer vers le bas. Dans la violence du crachat reçu, c'est toujours l'âme adventice qui essaie d'imposer son calendrier. Or, vis-à-vis de celle-ci comme du Démiurge, nous ne devons rien lâcher. À travers nous, c'est l'humanité qui est atteinte. C'est une part de celle-ci, dont l'ambivalence que produisaient nos actes n'a pas été repérée précédemment et qui maintenant nous saute à la gorge.

Dans ma vie, la confiance bafouée a toujours pris la même forme, au point d'apparaître comme une variante de l'éternel retour. Éternel retour à la case départ ! Vous ne passez pas par la banque et ne touchez pas vingt mille francs. En ce sens, si j'ai commencé à percevoir le Temps comme un labyrinthe pourri et une prison circulaire où on repasse perpétuellement par les mêmes points et qu'on fissure en vain depuis des siècles et des siècles, c'est à cause des trahisons amicales. C'est dans l'amitié trahie que ce labyrinthe de malheurs m'est apparu pour la première fois dans sa violence, dans sa clarté et sa crudité. Ma première déception amicale restera sans doute la plus grande. C'est Édouard Saint-Pol, mon grand ami d'adolescence, rencontré à Clermont-Ferrand, en Auvergne, en 1991… Clermont-Ferrand !

Clermont-Ferrand, je l'ai aimée. Je l'ai idolâtrée et détestée. Je lui dois certaines de mes plus grandes émotions et mes plus vives déceptions. Clermont-Ferrand, j'avais seize ans, j'habitais place Michel-de-l'Hospital avec mes parents, ma chambre donnait sur le square où trônait une étrange statue nommée *L'Esprit et la Matière* – une jeune femme angélique portée par une espèce de costaud des Halles – et j'écoutais toute la journée Thelonious Monk et Frank Zappa en dessinant des bandes dessinées aberrantes et en attendant que la vie commence… En attendant que la vie commence enfin !

Clermont-Ferrand, combien de matins j'ai traversé ses rues de pierre noire autour de la place de Jaude à l'affût des signes de la présence divine, à la recherche de la « clé spirituelle » qui ouvrirait le cœur du monde et ferait pleuvoir le ciel d'émotion. Clermont-Ferrand, combien d'après-midi j'ai traîné dans la crypte de Notre-Dame-du-Port auprès de la Vierge noire avec une chanson de Bob Dylan dans la tête et la *Saison en enfer* de Rimbaud dans la poche. Clermont-Ferrand, combien de soirs j'ai vu, revu et re-revu les mêmes épisodes de *Twin Peaks*, à la recherche de détails qui m'auraient échappé et qui éclaireraient l'ensemble (la série, le monde, la vie) d'une lumière nouvelle. Je suis resté un an dans la ville la plus sombre de France. Et Clermont-Ferrand fut la première ville où j'ai eu des amis « de mon âge », moi qui avais toujours eu des amis plus vieux que moi. Le premier de ceux-ci, qui devint plus tard le premier de mes « ennemis » (si l'on veut), c'était Édouard Saint-Pol.

Quand je le rencontrai, Édouard connaissait Baudelaire sur le bout des doigts et son intelligence rhétorique et dialectique jouait sur tous les registres qui allaient du mysticisme à la perversion. On devint un trio avec Stan, un garçon brun et rougeaud qui vivait à Beaumont et avait décidé de quitter l'école. Mais à la base de notre trio, il y avait cette complicité avec Édouard, qui nous entraînait à parler de tout, à étayer nos désaccords, à rire de nos mécontentements, à nous émouvoir de nos points communs, à parler des jours entiers de tous les sujets sans s'ennuyer…

C'est par un rêve d'étoile morte aux étranges correspondances communes qu'Édouard Saint-Pol et moi prîmes conscience de la fatalité cataclysmique qui présidait à notre amitié (comme peut-être à toute amitié). Dans la nuit du 26 au 27 novembre 1991, j'étais au lycée, dans le bâtiment central, et les couloirs présentaient des douches qui éclaboussaient les élèves au passage. Certains y pissaient et chiaient, et leurs excréments étaient automatiquement dilués dans les mares tracées sur les passages de classe à classe. C'était immonde. Je devais aller à la bibliothèque me renseigner sur une affaire d'affiche à réaliser pour l'anniversaire d'une prophétie concernant la fin du monde. Il y avait une petite table où étaient exposés des résidus d'étoiles mortes, des *naines noires*. J'en attrapai une pour l'observer de plus près. Édouard arriva affolé, et me hurla que, s'infiltrant par le sang, elle risquait d'entraîner une décomposition de tous mes membres. Il fallait absolument me blesser pour m'en débarrasser. Je courus alors vers la fenêtre de la bibliothèque, une grande baie vitrée, et, m'y plongeant, je la brisai. J'étais blessé *donc* sauvé. Plus tard, je me réveillai, sortis du lycée et croisai d'autres individus ayant touché à *ça* : il leur manquait une main, une jambe, un œil... Tous éclopés, même les animaux... Leur souffrance était insupportable.

L'air de rien, c'est pour répondre à une demande d'Édouard Saint-Pol que j'ai commencé à écrire ! Mon tout premier texte… La première fois que j'utilisais la machine à écrire qui avait appartenu à mon grand-père pour rédiger un récit que je comptais faire lire à autrui… C'était un scénario qu'il m'avait demandé d'imaginer pour que nous le mettions, ensemble, en scène : le scénario s'appelait alors *Magie quotidienne.* Il s'appellerait plus tard *Les Étoiles.* Quelques intuitions me guidaient. J'avais vu une gigantesque spirale dessinée dans une impasse de la ville et je voulais l'introduire dans le récit. Il y aurait un peintre, un aveugle, la statue *L'Esprit et la Matière*, des chats, du jazz… Nous savions que la *naine noire* devait bien, un jour ou l'autre, finir par y apparaître, mais ce que nous ne savions pas, c'est que Stan nous fournirait un soir, par téléphone, la vision qui donnerait tout son sens à la quête et simultanément l'annulerait, la renverrait à une *énigme* qui la dépassait largement.

C'était le 11 mai 1992. Il avait vu une énigme. Cette énigme était une femme, une jeune femme toujours habillée en bleu. Elle s'appelait Émilie. Stan avait croisé plusieurs fois Émilie, et, plus il la croisait, plus il se posait de questions sur elle dont il ne tirait aucune réponse. Il l'avait suivie en moto jusque là où elle habitait, et désirait aller la voir. Il connaissait son chalet, à Beaumont, en Auvergne, et il y allait régulièrement, la plupart du temps s'arrêtant au pas de la porte et hésitant à frapper pour lui parler.

Une fois, il avait cessé d'hésiter et avait frappé à la porte.

C'est la mère d'Émilie qui lui avait ouvert. C'était une quinquagénaire encore belle, aux cheveux blond cendré, qui fumait beaucoup et passait son temps à s'affairer dans la maison. Il lui avait demandé :

— Émilie est là ?

Et elle lui avait répondu, d'un ton mélancolique :

— Non, elle est encore sortie, ce soir…

Il avait recommencé ça plusieurs fois. Une, deux, trois : toujours le même refrain. Mais un soir, la femme avait ajouté :

— Elle est dans les bois, près des rivières… Elle pêche les étoiles.

J'appelai Édouard et lui en parlai. Il me répondit que Stan lui avait téléphoné préalablement et lui avait raconté toute l'histoire. Nous n'avions pas la moindre idée de ce qu'elle pouvait signifier. Au fond, nous avions effleuré les naines noires, Édouard et moi, mais Stan, à sa manière, avait agrippé l'une d'entre elles et perdu, dans un éclair, la vue et la mémoire. Il avait simplement eu le temps, avant d'entrer dans un silence complet, d'énoncer brièvement le lieu de son mystère, à l'orée des bois, dans un chalet, l'énigme de la *pêcheuse d'étoiles*. Tous les soirs, Émilie réitérait son *geste* dans un acte circulaire, réversible et récupérable. Elle n'apparaissait jamais, il la *ratait* ; mais il savait qu'elle existait et il pouvait s'approcher de son mystère, par cercles concentriques. Elle était la trace du mystère dans la spirale du temps. Au crépuscule elle figurait la ligne fragile qui sépare l'eau du ciel.

Le 29 juin 1992, la veille de mon départ de Clermont-Ferrand, Stan et moi avions croisé une vieille femme, elle aussi habillée en bleu, un large chapeau de paille sur la tête, qui nous fit une affreuse grimace insonore avant de disparaître. Cette vieille dame, pour nous, c'était aussi Émilie, et c'était encore la spirale. Le temps avait passé, et la jeunesse… Nous étions les témoins d'un très vieux crime enveloppé dans un mystère, roulé dans une énigme… Ce crime n'était pas d'être né, mais d'être sorti de l'enfance. Dès que l'état de grâce, de disponibilité à tout (miracle ou mirage) était perdu, tout était perdu.

Quitter Clermont me déchira le cœur. Après mon départ, j'appris de loin en loin que Stan était devenu clochard, mais ce ne fut jamais confirmé. Reste qu'il disparut. Quant à la relation avec Édouard, elle se poursuivit, avec ses brouilles et ses rabibochages. Le récit de Stan et d'Émilie planait au-dessus de nous comme un mystère auquel il fallait rester fidèle coûte que coûte. Nous pensions faire un film. Puis nous nous sommes imaginé écrire une série. Finalement nous nous entourâmes de complices auvergnats, parisiens et même mancuniens et nous fîmes, en 1998, une revue : *Spectre*. Mais là, tout tourna bizarre, mauvais. Tout tourna comme du lait.

La revue *Spectre* et le groupe des Gentlemen Invisibles durèrent quatre ans. Comme je l'ai dit précédemment, ce qu'on faisait n'intéressait absolument personne. Édouard ne cessait de démissionner et de revenir, un peu comme avant on ne cessait de se fâcher et de se réconcilier. La différence, que j'appris progressivement, c'est qu'il essayait de convaincre nos amis communs de s'éloigner de moi et de s'opposer à mes idées... Ce travail de sape en coulisses, en douce, me choqua bien plus que ses coups d'éclat.

Le 22 avril 2003, les Gentlemen Invisibles s'autodétruisaient. Pendant quatre ans, nous avions fait des petits livres, des soirées et des films. Tout appartenait à une mythologie que nous inventions en même temps que nous avancions, avec des personnages imaginaires et des théories farfelues auxquelles nous croyions, puis ne croyions plus, puis croyions encore. Nous étions jeunes et dingues. Nous n'étions pas fous mais nous jouions comme des enfants aux frontières de la folie. À plusieurs reprises, la dernière année de l'existence du groupe, Édouard, suivi par certains amis avec qui je travaillais, ne me reprocha plus qu'une unique chose : je voulais devenir un gourou. J'étais un manipulateur. J'avais l'air gentil mais en réalité je manipulais mes amis pour leur faire jouer un rôle dont ils n'avaient pas envie. Je les forçais à faire ce qu'ils n'avaient pas envie de faire et à croire ce en quoi ils ne croyaient pas. Mon but secret aurait été de devenir une espèce de Charles Manson.

Toute ma vie ensuite, et surtout toutes ces dernières années, la trahison amicale est toujours apparue dans ma vie sous la forme d'une accusation de manipulation mentale. Et presque tous mes anciens amis m'ont accusé ou reproché auprès des autres d'« être un gourou ». Jusqu'à présent, je n'ai jamais essayé de me justifier. Tout ce que j'ai fait, à ces moments, c'est me taire. C'était évidemment une erreur, mais je ne savais pas quoi faire. Il me fallait du temps.

Pourquoi ? Je n'étais pas même capable de me l'expliquer. Je me sentais coupable, tout simplement. Coupable quand bien même j'aurais été innocent. Et je me sentais coupable de me sentir coupable. Et je me sentais coupable de me sentir coupable de me sentir coupable. Et on pouvait continuer comme ça, en boucle, comme toujours avec la culpabilité… La culpabilité est une prison dans laquelle on finit toujours par tourner en rond. On ne doit pas se sentir coupable, ça ne sert à rien, mais on doit entendre ce qui se dit quand on essaie de nous culpabiliser. On ne doit pas croire à ces « jugements » mais on doit écouter ce qui se dit quand on nous « juge ». Si on nous reproche quelque chose, c'est que, d'une façon ou d'une autre, quelqu'un ou quelque chose l'a fait. Quelqu'un ou quelque chose « le » fait. Mais ce n'est pas nécessairement nous. La personne que l'on accuse, c'est toujours une « version » de nous-mêmes, indépendante de « nous », agissant parallèlement à nous et parfois même contre nous. Le coupable est toujours un « double ».

Ce double, nous devons le rencontrer. Nous devons rencontrer celui que les autres voient en nous. Mais ce n'est pas pour nous identifier à lui. C'est pour le combattre. C'est pour l'affronter comme un dragon et ensuite le chevaucher ! Il fait partie de notre vie. Il est le malentendu qui peut apparaître à la lecture de notre livre émancipateur et le transformer en instrument d'oppression.

J'ai commencé à me faire traiter de « gourou » à la fin de *Spectre* et cela a continué les quinze ans qui ont suivi.

Ce qui a continué aussi, ce sont les comparaisons avec Charles Manson... Mais ce n'est pas la seule chose qui a continué. Il s'est passé une chose que je n'imaginais pas. Je ne me suis jamais trop plaint de cette période de ma vie, le chagrin que j'ai ressenti à la fin de cette aventure ayant été un excellent dynamiteur pour me faire écrire des livres par la suite (merci Édouard Saint-Pol, merci *Spectre* : grâce à vous, grâce à la façon dont vous m'avez envoyé chier, j'ai dû lutter deux fois plus et finalement à ça m'a plu deux mille fois plus). Sauf qu'il s'est passé une chose que je n'imaginais pas.

En parallèle de l'énergie qu'elle m'a donné, cette période de ma vie a aussi inscrit une machine de mort tout à fait détectable en moi. Détectable *physiquement.* Elle m'a fait couver en mon propre sein un vœu de mort ravageur qui a pris de plus en plus de place à mesure que je vieillissais. Le corps est une grande matière malléable pour notre « double ». Notre tête a beau savoir que ce qu'on nous dit, c'est des salades ; l'âme adventice peut capturer les forces du corps et les faire jouer contre nous. Le corps est un traître.

La machine de mort qui s'est installée en moi, c'est ce foie malade, cette espérance endommagée qui n'a jamais voulu guérir et qui a fini par contaminer le reste de mon organisme : estomac, intestin, vésicule biliaire... Mon foie a commencé à déconner à peine deux mois après la fin de *Spectre*. C'était un soir au début de l'été 2003, chez un ami situé dans le Marais, à deux pas de l'ancien hospice des Enfants-Rouges et du square du Temple. J'avais bu du whisky avec lui et j'ai commencé à vomir du sang. J'étais malade, physiquement malade, à la suite d'une accusation portée quelques semaines plus tôt à laquelle je n'avais pas voulu répondre. Ne pas répondre, ce n'est pas grave, mais je n'ai pas voulu y réfléchir non plus. Or, s'il ne sert souvent à rien de répondre, il n'est jamais inutile de réfléchir. Pourquoi est-ce qu'on nous reproche toujours la même chose ? Ce n'est pas pour rien ; ce n'est jamais pour rien. Si je prends très au sérieux la phrase de Sohrawardi : *« Lis le Coran comme s'il n'avait été écrit que pour ton propre cœur »*, je dois également prendre au sérieux la phrase miroir, à savoir : *Lis ton propre cœur comme si c'était le Coran* ! Je dois faire l'exégèse des reproches qui me sont faits, des malentendus qui encombrent ma vie. Ce n'est pas pour me culpabiliser, mais pour me métamorphoser, et pour comprendre... Je dois affronter mon dragon : pourquoi l'accusation de gourouisme est-elle la plus détestable que je connaisse ?

Pour deux raisons.

La première, c'est que le gourou authentique est un guide. Il occupe une fonction non seulement noble mais indispensable à l'équilibre de l'humanité et aux relations entre celle-ci et les dieux ou le cosmos. Jamais je n'ai cru pouvoir m'inscrire dans une telle filiation : je n'en ai ni les qualités, ni les moyens, ni l'ambition, et pas même l'envie.

La seconde, c'est que le gourou, dans l'acception courante (c'est-à-dire le faux gourou), est une ordure. Et ce qui le définit, c'est qu'il abuse des gens. Il ne croit pas à ce qu'il dit, il monnaie son savoir, par de l'argent, des services de tous les jours, ou des services sexuels. Il est entouré de disciples qui sont à sa botte. Il est souvent au cœur de scandales financiers ou sexuels. Ce qui le caractérise, c'est la création d'un modèle économique parallèle dont il est le principal bénéficiaire. Il peut être génial (Rajneesh), il peut avoir des disciples géniaux (le Maharishi), il reste illégitime. Il reste un abuseur.

Alors, certes : je touche de l'argent pour mes textes. Mais je n'ai aucun disciple et je n'en cherche pas. Je n'ai que des lecteurs, des interlocuteurs et des amis. Si on veut me critiquer, je comprends très bien qu'on me prenne pour un con, pour un allumé, pour un hystérique ou un possédé, un mystique en carton-pâte… Mais pas pour un gourou.

Ce que je vois également, c'est que tout, dans ce monde, est devenu absolument « sectaire ». Le monde moderne est rempli à ras bord de personnes qui acceptent, bon an mal an, d'être manipulées par des instances pseudo-spirituelles en attente de meilleurs lendemains. Ça va mal : tout le monde est d'accord là-dessus. Comment construire le parapluie contre la pluie d'atrocités (économiques, écologiques, politiques) qui vient : voilà ce sur quoi les porte-parole diffèrent, ainsi que le nombre de personnes que l'on est autorisé à protéger sous ce parapluie, et les conditions requises (de richesse, d'origine, d'appartenance) pour être protégé. Ce qui n'est pas différent, c'est la méthode. C'est cette parole contrôlée avec des éléments de langage, ce storytelling seriné comme une pseudo-vérité révélée. Nos gourous sont nos dirigeants politiques, ce sont nos intellectuels foireux et nos amuseurs.

Pas étonnant, dès lors, que je sois fatigué du qualificatif gourou. Dans un monde où les états, la presse et l'économie sont dirigés par des gourous, je trouve injuste de devoir l'assumer ou le supporter en silence. Alors, si vous devez l'utiliser encore une fois, si vous le faites parce que ça vous amuse, parce que je porte la barbe, parce que je vous fais penser à un ogre ou parce que je vous agace, je vous prierai d'ajouter le mot « banane » derrière, comme dans la chanson de Kevin Ayers.

Je suis un Gourou Banane.

## Nous sommes la viande qui vient

Avant d'arrêter de manger de la viande, j'avais un cauchemar récurrent. Je voyageais dans mon propre ventre. Je traversais mes intestins comme si c'étaient des enfers en Technicolor avec des couleurs criardes et des zooms compensés. Au cœur de ceux-ci, un grand diable fait entièrement de saucisses animées me narguait en me présentant, dans des souffrances épouvantables, tous les porcs qui étaient morts pour remplir mon énorme panse. Alors que mon apparence restait intacte, je sentais mon âme déchiquetée, non par les bêtes, mais par ma propre personne. Je devenais comparable à la déesse Kali se dévorant elle-même. Je me vivais comme l'épiphanie ténébreuse d'une fin du monde. J'étais moi-même l'apocalypse.

Les bêtes hurlent horriblement quand on les tue. Elles essaient de fuir, elles se coincent entre les portes, refusent d'avancer et reçoivent des décharges électriques pour hâter leur arrivée au lieu de leur supplice. Les tueurs de bêtes qui travaillent dans les élevages en font des cauchemars qui ne s'arrêtent jamais : les cris des bêtes qu'ils ont tuées les accompagnent tout le reste de l'enfer qu'est devenue leur vie. Pour aboutir dans nos assiettes, les bêtes et leurs tristes bourreaux vivent un cauchemar tel qu'il nous ferait pleurer de lourdes larmes s'il était vécu par les pires dictateurs ou les plus sordides tueurs d'enfants.

Bien sûr que nous pourrions nous passer de viande. Bien sûr que manger des animaux est inutilement cruel ; et la seule raison pour laquelle nous le faisons, c'est précisément parce que c'est inutilement cruel. C'est pour exercer sur d'autres êtres un peu de pouvoir : pour, avec un peu de vie, faire un peu de mort. La preuve, c'est qu'on ne supporte presque pas la viande : pour pouvoir la manger, elle doit être sans cesse transformée, préparée, détournée, alors qu'un fruit ou un légume est naturellement délicieux. Si c'était si « naturel » pour nous de manger de la viande, nous avalerions des écureuils directement cueillis dans les arbres, ou mordrions dans un porc vivant comme on mord dans une pomme. Les hommes ne mangent pas de porc, jamais : ils mangent une « chose » qu'ils ont composée avec du porc, mais dans laquelle ils auraient tout aussi bien pu mettre du bébé de pauvre tant le goût dépend peu de l'être vivant dont on l'a tirée. La seule chose qui compte, c'est justement de l'avoir tirée d'un être vivant.

C'est vers la fin de mon *sickamour*, au début de l'année 2013, que j'arrêtai définitivement de manger de la viande. C'est une des coupures les plus importantes de ma vie, un des changements les plus lumineux et aussi une de mes seules victoires absolument certaines contre l'ordre pourri de ce monde. En cessant de me nourrir de viande, j'ai appliqué le vingt-neuvième stratagème des guerriers chinois : *Shu shang kai hua*, « *Orner de fleurs un arbre sec.* » Alors que je perdais pied dans un *sickamour* qui m'affaiblissait, j'ai réalisé un saut éthique qui m'a non seulement réconforté l'âme mais consolidé dans mes réflexions sur la nature du pouvoir. Et un jour, spontanément, je me suis précipité pour aller vomir, simplement après avoir porté un morceau de poulet à mes lèvres. J'ai attendu longtemps avant d'écrire sur ce sujet. Je ne voulais pas faire de ce changement de monde un « sujet de discussion ». Pour moi la question du végétarisme n'est pas un « sujet de discussion ». C'est de l'ordre de l'évidence. Mais j'entends que cette évidence ne soit pas immédiatement sensible. Cinq mille ans de monothéisme, ça use ! Le carnisme est une des ombres de Dieu.

Ce qu'il s'est passé pour que le goût du poulet soit devenu pour moi absolument répugnant, c'est qu'il y a eu une modification de ma perception, un ajustement de mon regard quant à la nature de la viande, et cet ajustement a entraîné une transformation de ma conduite et même une transformation de ma sensibilité. Je n'ai plus *vu la viande du même œil* : j'ai cessé d'éprouver une attirance dans le fait de dominer imaginairement des animaux en les mangeant. Au contraire, j'ai éprouvé du dégoût face à ce simulacre de puissance et en me confrontant à l'idée que des êtres sensibles aient été tués pour mon petit plaisir pervers.

Je n'ai jamais cherché à culpabiliser qui que ce soit parce qu'il ou elle mangeait de la viande. Il me semble évident que le fait d'arrêter de manger de la viande doit venir d'une décision personnelle, réfléchie ou spontanée, et non d'un échange musclé où on essaie de faire admettre sa vérité à son adversaire. Mais arrêter la viande m'a rendu sensible à certains sujets qui ont traversé l'histoire des Sans Roi, des manichéens et des cathares. Un chrétien mange de la viande. Mieux : il doit manger de la viande. Et la raison pour laquelle il doit le faire m'a éclairé sur la raison pour laquelle je ne voulais plus jamais le faire. Ce n'est pas une question de goût ; ça n'a jamais été une question de goût. C'est une question de pouvoir.

« *Nous voyons, en effet, et nous entendons à leurs cris que la mort est douloureuse pour les animaux*, dit saint Augustin. *Mais cela, l'homme le méprise dans la bête, laquelle étant privée de raison n'est pas liée à lui par une société de droit.* » Saint Thomas d'Aquin insiste également sur le fait que notre supériorité absolue sur les bêtes est garantie par la présence en nous de la raison. Il admet que, par sensibilité, l'homme puisse parfois compatir à la souffrance des bêtes, mais il s'agit là de la présence dans l'homme de la « *passion sensible* » : il faut subordonner cette sensibilité à la raison et retourner à table sans plus tarder. Mais en quoi est-ce si important de manger de la viande aux yeux des chrétiens ?

Cette morale de l'Église relève peut-être d'une explication plus trouble que la « *raison* » convoquée par saint Augustin et saint Thomas d'Aquin. On peut même se demander si, dans leur défense tellement ardente du régime carné, ce que les chrétiens compensent par cette activité malsaine n'est pas le système hiérarchique si pervers et si difficile à supporter auquel leur foi les soumet. Et si l'étrange « plaisir » de manger de la viande ne provient pas plutôt de tirer celle-ci d'un être vivant, nous octroyant le luxe d'être indifférents à sa souffrance, un peu comme le Démiurge – « leur » Seigneur, « leur » Dieu – le fait quotidiennement avec eux. Nous sommes la viande de nos classes dirigeantes, comme celles-ci sont la viande de leur Dieu. Ce que l'homme cherche, dans l'absorption de viande, c'est le fait de se comporter avec une bête comme le Démiurge se comporte avec lui : en grand pervers « artiste », genre Hannibal Lecter, techniquement parfait, pouvant se permettre le luxe d'être indifférent à la souffrance de l'autre et faire de celui-ci la simple matière d'une chose... Le Démiurge mange l'homme blanc riche qui à son tour mange les non-blancs, les femmes, les pauvres... Et, à la fin, tout le monde mange les bêtes : l'être le plus faible de toute la Terre.

Ce n'est dès lors pas surprenant que les Sans Roi – les manichéens, les cathares – aient été majoritairement végétariens (mais aussi Tolstoï ou les Beatles) : la conception d'un monde où la véritable divinité est plus faible que les hommes entraîne une empathie plus grande avec les bêtes et ce qu'elles endurent. Dans chaque bête, il y a une étincelle de Lumière d'autant plus grande que celle-ci est plus éloignée du pouvoir dont jouissent les hommes et qui est le facteur principal de leur enténébrement. Dans chaque bête, il existe une proximité d'autant plus grande avec la divinité qu'elle est éloignée de la capacité de nuire à autrui. Si, comme le disent les anarchistes, le pouvoir est maudit, alors le carnisme est infiniment maudit puisqu'il est un pouvoir de mort sur des êtres infiniment plus faibles que nous.

Certes, nous ne dévorons pas que des animaux. Nous dévorons aussi des hommes, et nous dégustons leurs infortunes. Nous nous saoulons quotidiennement du sang de tous ceux dont l'échec nourrit notre réussite ; nous léchons avec délectation les larmes de tous ceux dont le malheur épice notre plaisir. Il faudrait que, cette envie de vomir qui nous prend à la vue de certains plats de viande jadis appréciés, nous puissions l'avoir au goût de certains comportements politiques qui se paient sur l'intégrité des autres.

Il ne faut pas se refuser à une tentation, avec la raideur du prêtre, elle n'en devient jamais que plus impérieuse. C'est là que le Démiurge applique le quatrième stratagème des guerriers chinois : *Yi yi dai lao*, *« Attendre tranquillement pendant que l'ennemi s'épuise. »* Et cette frustration imposée sans avoir correctement déconstruit son désir est certainement la source de toutes les perversions qui apparaissent chez les prêtres : infichus de saisir en quoi leur désir est artificiellement construit pour maintenir leur obéissance, les « hommes de Dieu » (en fait les suppôts du Démiurge) plient devant la « tentation » du Diable, tombent dans le bateau de saint Paul – *« Je ne fais pas le bien que je veux, je fais le mal que je ne veux pas. »* – et alternent faute et rédemption au lieu d'aimer ce qu'ils aiment, de vouloir ce qu'ils veulent, de savoir ce qu'ils savent et de faire ce qu'ils font.

Le plus incroyable, c'est que l'insanité chrétienne ait si bien marché. Mais elle a une logique presque imparable : attribuant à l'individu le désir dégueulasse qu'il rejette, elle le pousse à se repentir de péchés dont une intelligente déconstruction lui aurait permis de se passer. Encore une fois, il s'agit de modifier la qualité de notre regard pour modifier le sens de nos actes, quitte pour cela à nous passer de certains plaisirs que nous estimons pervers puisqu'ils naissent de la souffrance infligée à autrui. Il faut réussir à comprendre de quoi est composée une passion pour estimer tout à fait logique de s'en passer. Et, de la même façon qu'on finit par trouver qu'une odeur qui fut naguère ragoûtante, celle d'un plat de saucisses, est devenue un dégoût abominable, parce qu'à cette odeur ne se rattache plus la détente de l'enfant qui va manger un *hot dog* mais la vision des porcs qui meurent pour produire cette denrée ; de la même façon, on cessera de prendre du plaisir à la servitude des autres. On cessera de s'acharner avec une jubilation mauvaise sur les minorités pauvres de ce pays, on cessera de vouloir « contrôler » l'immigration et on commencera à ne pas trouver normal de nous enrichir sur le pillage de l'Afrique. On en finira avec toute la politique « civilisatrice », néocoloniale américano-européenne. On cessera de donner des leçons aux autres, et on commencera à se comporter à peu près décemment avec les personnes qui nettoient nos chiottes, nos métros, nos rues. Parce que ça nous semblera *dégradant pour nous*, de tenir les plus pauvres et les plus faibles en servitude. Parce que ça aura cessé de nous faire jouir.

La sempiternelle amnésie dans laquelle nous vivons l'ingurgitation des repas devrait nous renseigner sur la façon dont fonctionne notre appareil cérébral. La nourriture, c'est la base active sur laquelle nous composons notre traversée des émotions. Or nous ne savons à peu près jamais ce que nous mangeons, et nous nous contrefichons de ce qui traverse ce que nous mangeons pour que nous nous estimions repus. Également, passé un certain moment de la vie – celui à partir duquel on juge qu'on est adulte –, on cesse de questionner la véritable raison de nos actes, et l'articulation entre nos sentiments, bons ou mauvais, nos réactions, bizarres ou logiques, nos expressions, rationnelles ou délirantes. Il faut imaginer que les super-riches ne se rendent pas compte du mal qu'ils produisent, et qu'ils en ressentent seulement l'impérieux besoin : ils se paient sur le dos des pauvres comme les pauvres se paient sur le dos de leur famille, qu'ils torturent, ou des animaux, qu'ils frappent et bouffent. Ils ont besoin d'assouvir une pulsion destructrice parce qu'elle leur semble la seule à les rassurer sur la réalité de leur puissance. C'est la même chose chez les amoureux déçus, malades d'amour qui transmettent leur malédiction à leur future proie. Ils veulent manger comme ils ont été mangés. Et encore, « vouloir » n'est pas le bon terme ; ils ne savent plus aimer autrement. La souffrance, c'est comme une carte maudite tirée au jeu et qu'on veut remettre au plus vite en circulation, mais qui nous revient sans cesse entre les mains. En réalité, on ne peut pas s'en défaire en la refilant à quelqu'un ; rien ne sert d'essayer de s'en débarrasser ; il faut la brûler soi-même avec le feu de son âme, et c'est le travail de toute une vie. L'intensification des passions égoïstes et la façon dont le superflu devient plus obsédant que le nécessaire, il n'est pas besoin d'imaginer de raisons plus subtiles au misérable fonctionnement de ce monde. Il n'y a rien de plus facile à déduire que l'insensibilité pathologique de ceux qui réussissent : ils ont été progressivement habitués à un certain nombre de sacrifices de la part d'autrui, sacrifices qui furent nécessaires pour leur ascension, et de ces sacrifices, ils finissent par éprouver non pas le désir, mais bien le besoin. Les super-riches ont besoin de nous voir nous appauvrir et nous avons besoin de voir s'anéantir les misérables. Nous avons besoin de voir souffrir les animaux, et les puissants ont besoin de nous voir mourir pour eux. Nous sommes ce qu'ils mangent. Nous sommes la viande qui vient. Et plus ils grossiront, plus ils auront faim.

# Jusqu'à ce que les sages redeviennent heureux de leur folie (et les pauvres de leur richesse)

Mon cœur ressemble à une maison de campagne délabrée sous l'orage. Pendant que je répare la fenêtre du salon, la chambre à coucher prend la pluie. Et pendant que je retape l'escalier, un éclair détruit la toiture. Je veux être heureux et pour cela j'essaie d'améliorer mes relations avec les autres, mais soudain je sens un poids de mille atmosphères qui pèse sur mon crâne. J'essaie d'apaiser mes angoisses et me concentre sur une idée positive, consolatrice, mais mes paroles deviennent superficielles, sentimentales, voire carrément débiles, et elles produisent l'exact inverse de ce que je voulais obtenir : je me retrouve pris d'insomnies et de saynètes obsessionnelles ; je suis pris par le désir de regarder et d'écouter des choses ou des gens que je déteste pour le plaisir triste de les détester davantage ; des images de cauchemar m'assaillent continuellement. À chaque fois que je prends mon marteau et des clous pour retaper un truc, un autre truc s'écroule de l'autre côté de la pièce.

Mon corps est à l'image de ce cœur : le foie déconne, je soigne mon foie, et l'estomac part en vrille. La vésicule biliaire est calcinée, un chirurgien la retire, et l'acidité accumulée détruit les intestins. Finalement, un autre spécialiste trouve ce qu'il faudrait faire au niveau des intestins, mais voilà que le foie recommence déjà à déconner... Cette vie est comme un verre qui se vide sans cesse : on a beau le remplir, il se vide comme s'il était troué. Et quand on a réparé le trou, c'est l'eau qui s'évapore dans l'air.

Ça n'a jamais cessé de déconner vraiment. J'ai accumulé les soucis de santé depuis l'enfance. J'avais une sorte de mauvaise constitution qui faisait que je me chopais tous les virus qui traînent. À l'adolescence, les bricoles de santé ont pris de la place. À mesure que j'ai grandi, vieilli, elles sont devenues omniprésentes. La maladie a été ma colocataire. Elle a vécu auprès de moi presque toute ma vie, prenant différentes formes, s'imposant toujours d'une façon ou d'une autre. Et puis un jour j'ai trouvé qu'elle abusait. Elle était vraiment gonflée. Elle voulait ma mort ou quoi ? Ma maladie se faisait passer pour ma copine mais, en réalité, elle se foutait carrément de ma gueule et elle fonctionnait comme un énième sous-marin du Démiurge. Quand elle s'est mise à me menacer vraiment, il était trop tard. Je n'allais pas réussir à m'en débarrasser sans passer par une guerre à mort.

Quand j'ai fini par appeler SOS Médecins, il était déjà 1 h 30 du matin et mon ventre avait tellement gonflé que je ressemblais à M. Creosote dans *Le Sens de la vie* des Monty Python. Ça tombait bien : on était le 4 août 2016 et le sens de la mienne allait m'être révélé. Un médecin d'origine malgache, sobre, austère, d'une grande élégance sévère, est arrivé moins de vingt minutes plus tard. Il a esquissé un sourire plein d'empathie quand il a vu mon ventre gonflé et ma panique. Il m'a donné un analgésique et j'ai couru le dégueuler. Quand je suis sorti des toilettes, il tapait une suite de chiffres sur son portable.

— Desserrez votre col, ouvrez la fenêtre, respirez lentement, l'ambulance arrive. Elle va vous conduire aux urgences les plus proches, celles de Saint-Antoine.

— Qu'est-ce que j'ai, docteur ?

— Justement, je ne sais pas.

On dirait les plans *steadycam* très rapides que font les réalisateurs paresseux quand ils mettent en scène une entrée dans un hôpital. Une fois mon brancard garé dans la salle d'attente, la première chose que j'entends, c'est un mec qui s'engueule avec le personnel soignant : « Putain, elles sont dures à trouver, vos chiottes. Putain, mais comment on fait pour les trouver. Non mais, vous vous foutez de ma gueule : elles sont hyper-dures à trouver, vos chiottes ! » C'est ensuite que je le vois passer devant moi, avec sa perfusion et le coup de marteau qu'il a reçu sur la tête. Oh, well. La morphine fait son effet ; je m'endors...

Quand je me réveille, je partage une chambre avec Ahmed, un type grand, voûté, avec un visage bouffi par les médicaments et les yeux de quelqu'un qui a beaucoup pleuré. Souriant avec timidité, il me dit immédiatement qu'il est schizophrène, même s'il est aux urgences pour une bronchite carabinée. Il fait attention aux paroles qu'il prononce comme un homme maladroit fait attention lorsqu'il doit déplacer des objets de grande valeur. Régulièrement, il se tourne vers moi et, avec beaucoup de précautions, il essaie plus ou moins de raconter le moment où il a craqué : c'était à New York, quand il avait vingt ans, il avait visité son frère, il travaillait dans un bar ou un restaurant, il a rencontré une femme, et... et... Et il se perd dans la description d'une enseigne ou un problème de direction. De toute façon il tousse tellement qu'il n'arrive pas à terminer ses phrases. On est en été, à Paris. Les heures sont longues comme le bras. Les journées durent des siècles. Il fait un soleil de plomb, vraiment, du genre à ne pas pouvoir être transformé en or. Il est allongé ou debout ; je suis toujours assis, un roman entre les mains. Quand Ahmed arrête d'essayer de raconter son histoire, on se regarde mutuellement en souriant et je reprends la lecture que j'avais abandonnée alors qu'il retourne se coucher.

Les aides-soignants et les médecins ne viennent pas souvent. Quand ils passent, ils me disent qu'ils ne savent pas ce que j'ai, qu'ils doivent encore élaborer des hypothèses pour interpréter correctement mes crises abdominales et que je dois encore attendre un peu avant de pouvoir sortir. Ahmed aussi doit attendre un peu. Et lui et moi partageons ce temps passé ensemble à somnoler, à regarder par la fenêtre et à nous dire que ce serait drôlement bien d'être dehors ; que c'est tout de même un peu triste, l'hôpital.

Entre l'hôpital désert, l'impossibilité de sortir, le mystère entourant mes crises de douleurs abdominales et la schizophrénie d'Ahmed, pendant quelques instants, la réalité s'estompe devant mes yeux. Et soudain, le voilà, le flash que j'attendais, l'épiphanie qui me manquait pour vérifier la validité de leurs intuitions essentielles : pendant quelques heures, je me retrouve dans l'impossibilité de savoir si mes souvenirs sont réels ou non, et si je suis malade du ventre ou de la tête. Soudain, rien ne me prouve plus que je n'ai pas été hospitalisé pour démence et que toute cette histoire de douleurs abdominales n'a pas été inventée de toutes pièces par ma conscience pour masquer la folie qui a nécessité mon internement.

Cette idée me fait très peur d'abord, mais plaisir ensuite. Parce que c'est l'anamnèse que j'attendais, depuis plus de six mois que j'écris exclusivement sur les Sans Roi, Dick, Lennon. C'est aussi le lâcher-prise dont j'avais besoin, en fan de Buffy qui sait que la guerre contre les démons a lieu à tous les instants : même nos douleurs, même nos folies sont des actes magiques que nous devons combattre en chevaliers spirituels. Et c'est enfin le passage obligé du disciple de Hurley de *Lost* pour comprendre que la délivrance se tient toujours à un cheveu de la démence et que l'île de la vérité illuminative se confond facilement avec un asile de fous.

Mais toutes les folies ne se valent pas. Les folies sont comme les rêves, comme les films ; il y en a des belles et des moches, des vraies et des fausses, des grandes et des petites, des nécessaires et des pas nécessaires. Ni celles des autres ni les nôtres ne sont comparables ; elles n'ont ni les mêmes causes ni les mêmes conséquences. Leur point commun est qu'elles résultent d'états de trouble, où la part d'inauthenticité de l'existence réelle n'est plus soutenable. Ce sont des moments où on ne peut plus jouer à faire semblant. Des moments où notre sentiment de la réalité se casse la gueule parce qu'il est invivable. Mais il y a autant de basculements dans la folie qu'il y a d'amours ou de consciences politiques. Il y a des basculements dans la folie qui sont des débordements de lucidité, et d'autres qui sont des enfermements dans l'illusion. Il y a des basculements dans la folie qui sont des révolutions spirituelles et d'autres qui sont des investissements libidinaux fascistoïdes.

Des fous, dans ma vie, j'en ai connu beaucoup. Certains amis me disaient que je les attirais. C'était probablement dû à une particularité de mon esprit qui faisait que j'étais toujours capable, sinon de croire ce qu'on me racontait, du moins de douter suffisamment de ce que je savais pourtant vrai pour être à égale distance avec leur folie. Ils devaient tous plus ou moins deviner en moi le type qui avait cru, un moment de sa vie, qu'il deviendrait un Mark David Chapman, un « tueur de stars ». Et puis je me culpabilisais tellement de me culpabiliser de me culpabiliser… Quand je voyais un délirant, je pouvais toujours plus ou moins lui accorder le bénéfice du doute, comme dans un procès. Je me souviens du soir de 2004 ou 2005 où Charles m'avait téléphoné pour me convaincre que c'était moi, et non lui, qui écrivait les textes délirants qu'il publiait quotidiennement sur Internet sur des gens qu'on connaissait tous les deux. Évidemment je savais que c'était faux. Mais je me mettais à douter… Après tout, je pouvais être pris d'amnésie, comme le héros de *Lost Highway* ! C'est ce qu'il me disait d'ailleurs : « Et si tu ne t'en souvenais pas ? Et si des pans entiers de ta vie t'échappaient ? » Et si Charles avait raison ? Ce n'était ni par philanthropie ni par sagesse que je lui accordais cette possibilité, mais par manque de solidité dans ma conception du monde… Et cette conception du monde resta bancale jusqu'à ma découverte des textes des Sans Roi.

La plupart des fous et des folles que j'ai connus, je les ai beaucoup aimés. En particulier un clochard belge avec un accent à couper au couteau et un humour dévastateur, qui avait hanté la Sorbonne pendant mes deux années de Deug sous le nom de Freddie Jacobs. Il ponctuait la moitié de ses phrases par « oui ! » et disait que la France lui appartenait. Elle avait été chapardée à ses ancêtres par Philippe le Bel et il ne cessait d'exiger un rendez-vous avec le directeur de la Sorbonne pour récupérer le trésor enfoui sous son sol. Il avait une espèce de tête à la Stanley Kubrick, avec des lunettes à quintuple foyer, et une barbe noire drue, ébouriffée, piquante. La première fois qu'il m'avait adressé la parole, c'était pour me féliciter du fait que je porte un chapeau noir – comme lui : « Ça aide à la concentration, les idées ne s'envolent pas dans les airs, comme des oiseaux, oui ! » Il s'habillait lui-même tout en noir, un peu comme un rabbin, et ne demandait jamais la charité, mais se contentait de récupérer les gobelets consignés des machines à café. Son nez était rouge vif, patate, et contrastait avec le reste de son standing, d'une sobriété exemplaire. Ce qui m'impressionnait le plus, c'était sa Bible, mille fois relue, corrigée au bic bleu et bourrée de tipp-ex. Lorsqu'il était mis en confiance (ce n'était pas trop difficile), il racontait son épopée, à Bruxelles, sa rupture avec sa femme (la Grande Prostituée dont parle l'Apocalypse) et le jour où les poissons remontèrent du fleuve pour lui dire qu'il était « l'élu, l'oint du Seigneur, qu'il a envoyé de dessus le rocher, oui ! »

Freddie Jacobs ne parlait pas du diable mais du « traître de dedans le rocher » ; c'était lui qui s'interposait entre le trésor des templiers et lui et qui dirigeait les gestes de Chirac, le futur président, un « partouzard qui te parle de charité, oui ! » Plusieurs fois, il s'était construit un stand en carton au milieu de la cour, où il proposait des cours de *religion corrigée* et d'*histoire secrète*... Il photocopiait parfois des psaumes, écrits de son écriture ample, fleurie, à l'ancienne, et cachetés de son sceau. Il lui arrivait même – de rares fois – de draguer un peu dans les couloirs les femmes plus âgées qui n'étaient pas insensibles à son étrange charme. Par moments, je voyais bien (et il voyait bien) que je ne le prenais pas assez au sérieux. C'est à ces instants qu'il me coupait la chique, par une de ces intuitions désarmantes dont lui seul avait le secret. Alors qu'une étudiante me caressait les cheveux et me traitait de « Beatle », il éclata de rire en disant :

— Parle-lui de Frank Zappa, plutôt, oui !

— Comment ? Comment le savez-vous, Freddie ?

— Tu as oublié qui je suis, oui ? Je suis *celui qu'Il a envoyé de dessus le rocher* !

Malgré tout et malgré Freddie, j'ai un grand projet : ne pas devenir fou. Encore une fois, le problème est avant tout stratégique. Je ne parle pas des êtres qui ne peuvent pas faire autrement, ceux que la folie dévore, ceux que la folie a attrapés un jour ou une nuit dans ses rafles mortifères. Je parle pour les autres, au nom des autres : tous ceux qui, comme moi, ont leur « petit grain », sont un peu « fragiles », les « *borderline* » qui pourraient « basculer », sont souvent à deux doigts, ont fait quelques séjours mais sont toujours revenus... S'abandonner à la folie, c'est plier devant l'ennemi, c'est donner raison au Démiurge et à l'ordre pourri du monde, qui ne fera plus qu'une bouchée de nous – sa tactique guerrière se réalisant quelque part entre le trente et unième et le trente-deuxième stratagème des guerriers chinois : *Mei ren ji* et *Kong cheng ji. « L'armée la plus puissante a encore un point faible : le général qui la commande ; le général avisé a encore un point faible : les passions qui l'habitent. »*

La certitude que j'ai à ce sujet, c'est que le monde dans ce qu'il a de pire nous préfère fous que sobres. Le monde, ce monde, n'est pas notre ami. Et il doit être impitoyablement, spirituellement et politiquement, combattu. Une fois fou, c'est réglé : notre parole est poétique peut-être, elle n'a pas à être écoutée pour ce qu'elle est. On la remise parmi les imaginations. On prend nos littéralités pour des métaphores. On déplace le tout dans le domaine de la culture où on peut se permettre de n'en avoir plus rien à foutre. *« Rien dans les mains, rien dans les poches, ruse des mauvais jours, ruse des ruses. »*

Regardez tous les fous ou pseudo-fous que la Terre a pondus parmi les génies : cela n'a fait que reculer le moment où leur parole pouvait être entendue pleinement, intégralement, sans mesure, sans limites. On ne gagne rien à faire partie de la grande famille des fous. On croit qu'on rejoint Nerval et Artaud, mais en réalité, c'est Nerval et Artaud qui doivent nous rejoindre, et avec nous, le reste du monde dit « normal ». Ce que cherchaient les poètes maudits, c'était changer ce monde, et, en en faisant des fous, le monde a pu se passer de leur geste. Bref : si on peut éviter d'être fou, évitons.

La plupart des fous et des folles que j'ai connus, je les ai beaucoup aimés, mais il y en a au moins un qui m'a carrément inspiré de l'horreur. Lui, il n'était pas seulement fou, il était très agressif. Quand il allait bien, mon fou expliquait que les hommes étaient des veaux et qu'il fallait les traiter comme le bétail permettant de réaliser de grandes œuvres aux quelques individus géniaux qui, comme lui, sortaient du lot. Là, il avait la même idée que beaucoup d'hommes politiques ou d'artistes « démiurgiques » ; il n'avait simplement pas les moyens de cette sale idée ! Mais quand il allait mal, il m'accusait de lui avoir volé son identité et sa vie. Parfois, c'était agressif mais raisonnable : « Tu crois que tu es une star géniale mais en fait tu n'es qu'une merde. » (Je n'étais pas en complet désaccord avec lui… Assez souvent je pensais moi aussi que je n'étais qu'une merde.) Mon fou avait repéré un terme que j'employais dans certains de mes textes, celui de « monde miroir », et il me l'avait renvoyé à la gueule, lors d'un concert où il m'avait repéré : « Je vis dans un monde miroir à cause de toi. Tu as volé ma place dans le monde, tu as volé ma vie, rends-la-moi, retourne dans ton miroir et rends-moi mon monde et mes amis ! » Par moments encore, sa folie se déplaçait et c'était la place de mon ami Thomas Bertay qu'il visait, comme la nuit du 25 au 26 novembre 2012, où il me laissa un message sur mon répondeur (comment il avait eu mon numéro, je ne l'ai jamais su) : « Pacôme, c'est moi, on s'est rencontrés plusieurs fois dans notre vie, tu dois te souvenir de moi. Je t'appelais pour te dire que j'ai fait un rêve cette nuit : c'était mon sacrement en tant que roi du monde. Donc le roi du monde, c'est pas Thomas Bertay, c'est moi. On m'a présenté toutes mes ordonnances depuis ma naissance et c'est à cause de tous les produits qui ont été injectés dans mon corps que j'ai été sacré roi du monde. Après, j'ai été voir ma première petite copine dans une église et j'ai dansé mieux que Michael Jackson. On se recroisera bientôt. »

Au cas où je n'aie pas compris, il avait rajouté un message en SMS : « You are the one la terre est trop belle pour toi tu pleures tu ris au son du gloubigoulga mais tu n'oublies jamais Thomas Bertay est peut-être le roi du monde mais moi je suis le pope alors ferme ta gueule gros connard. »

C'était horrible. Mon fou mettait un tel bordel là où il déboulait, il était si agressif et si tapageur que je me retrouvais à devoir le chasser comme un propriétaire terrien chasse un manant. Je me revois rue Saint-Claude le 12 janvier 2013, le fichant à la porte de la galerie où allait commencer le vernissage d'une exposition dont j'avais été commissaire parce qu'il faisait déjà peur, yeux explosés, cannette de bière à la main, braguette ouverte, hurlant à qui voulait l'entendre qu'il était le commissaire de cette exposition et qu'on n'allait pas l'empêcher d'expliquer que *Pacôme Thiellement était un imposteur qui s'octroyait les bénéfices de son travail.*

Une fois dehors, mon fou était allé s'en plaindre à toutes les autres galeries de la rue, si bien que j'ai dû aller le chercher dans l'une d'elles pour le chasser carrément de la rue entière. Je me retrouvais au bout de la rue en train d'engueuler un fou qui m'engueulait en retour, dans un cauchemar qui semblait ne pas pouvoir prendre fin. À cet instant précis, on pouvait voir un résumé de ma terreur profonde, quelque chose de comparable à la peur de la clochardisation : la crainte de n'être finalement qu'un fou parlant avec un autre fou. Le monde était redevenu un hôpital.

Ce qui était horrible surtout, c'est que je devais me faire violence pour ne pas trouver sa remarque justifiée. Pour trois raisons. La première, c'est que personne ne mérite quoi que ce soit. L'idée de mérite est vraiment une des justifications les plus obscènes que les hommes ont trouvées pour excuser leur domination d'autres hommes. La part d'aléatoire, de hasard, de chance et surtout d'origine sociale est bien plus grande que la part de justice ou de rétribution dans une quelconque reconnaissance publique. On obtient quelque chose et quelqu'un d'autre ne l'obtient pas : ça n'a pas plus de sens que ça et ça ne veut rien dire de plus. Il est très difficile de faire quelque chose qui ne prive pas quelqu'un d'autre de l'avoir fait. On peut essayer de toutes ses forces, on échouera toujours. L'injustice qu'il y a dans l'existence n'est pas quelque chose de supportable ; ce n'est pas quelque chose d'acceptable. L'inégalité de nos vies ne va pas de soi. Elle est même révoltante.

Je devais me faire violence pour une deuxième raison. Je ne supportais pas d'avoir affaire à un fan, même si c'était un fou, parce que la source de sa folie était la même que celle de l'admiration ou du « disciplisme » du « gourouisme » : l'idée de m'attribuer une quelconque importance ayant le pouvoir de s'exercer comme une force astringente sur autrui. C'est là quelque chose que je ne reconnais pas du tout comme allant de soi : même pour rire, même pour pleurer. J'ai toujours trouvé horribles les artistes, les écrivains ou les penseurs qui se croyaient importants, qui estimaient qu'on devait les écouter, qu'ils avaient quelque chose à dire et quelque chose à apporter. Ils m'ont toujours fait rire bruyamment quand ils ne m'ont pas rempli d'effroi.

Ce n'est pas seulement pour des raisons morales. Ce n'est pas parce que l'humilité est une vertu. Ce n'est pas parce que le Démiurge ne serait pas content de nous voir nous réjouir de nous-mêmes. C'est parce que le sentiment de sa propre importance est toujours terriblement ridicule et illégitime. C'est parce qu'il n'y a jamais de quoi se vanter. Non seulement la reconnaissance d'un artiste ou d'un penseur tient à 99 % du hasard, mais la plupart des vertus qu'on lui attribue également : l'artiste ou le penseur capte quelque chose qui est dans l'air et le restitue. Si ce qu'il fait est réussi, c'est la divinité en lui qui est responsable. C'est elle qui s'est exprimée, pas lui, et il n'a, dès lors, pas de raison de se vanter. On n'imagine pas les auteurs de l'Évangile de Thomas, de l'Évangile de Philippe ou de l'Évangile de Marie dire à la cantonade qu'ils sont des « génies ». Pourquoi est-ce qu'un artiste ou un écrivain le ferait ?

Enfin je devais me faire violence pour une troisième raison : j'avais été comme lui de si nombreuses fois avant ; je ne m'estimais pas légitime pour le lui reprocher. J'avais été jaloux du succès de mes contemporains, en particulier à l'époque où je n'avais pas encore réussi à sortir mon premier livre, j'avais même cru que j'allais assassiner ce présentateur de télévision japonais lors de mon séjour au Japon et devenir un type dans le genre de Mark David Chapman, et même ensuite, quand mes livres n'éveillaient pas le moindre intérêt, je regardais, la bouche pincée, le succès de mes contemporains. Je ne me rendais pas compte, alors, que la jalousie, à l'instar de la rose du mystique, est « sans pourquoi », qu'elle « fleurit parce qu'elle fleurit » et se passe parfaitement de toute raison objective. Si je n'ai pas pu publier mon livre, je suis jaloux de celui qui a pu publier le sien. Si je l'ai publié, je suis jaloux de celui dont le livre est plus apprécié que le mien. Si mon livre est apprécié, je suis jaloux de celui qui réussit à faire traduire le sien dans d'autres langues. La jalousie est un processus sans fin, un gouffre qui ne connaît pas de satiété, et, une fois mise en route, on ne peut plus l'arrêter. L'envie est inscrite au cœur même de notre construction individuelle par l'âme adventice. Nous sommes assaillis par des « mots d'ordre » qui nous enjoignent à envier la réussite des autres. C'est pathétique, c'est pitoyable, c'est triste, c'est vain, ça va nous rendre malades à crever, mais, surtout et avant tout, c'est complètement stupide. En étant envieux du succès de quelqu'un d'autre, on laisse l'âme adventice nous avoir par le vingtième stratagème des guerriers chinois : *Hun shui mo yu*, *« Elle trouble l'eau pour attraper le poisson. »* Il n'y a pas plus encline à plonger dans un labyrinthe de malheurs qu'une personne qui en jalouse une autre – pour son succès, pour sa chance ou pour son charme. Mais être envié n'est pas tellement mieux qu'être envieux. Être l'objet du désir d'autrui n'est pas une vertu, au contraire.

La véritable émancipation tient à la construction d'un bonheur totalement indépendant de la notion de réussite. Être heureux, sauvagement heureux, par-delà la réussite ou l'échec, par-delà le succès ou l'absence de reconnaissance, par-delà la fortune et la misère, serait le point de départ d'une véritable révolution spirituelle – qui se confondrait alors avec la délivrance. Mais ce serait alors une délivrance riche, une délivrance baroque, une délivrance panique : la victoire des Sans Roi. Être heureux « sans pourquoi », comme on est jaloux « sans pourquoi ». Être absurdement heureux. Être heureux parce que le monde est rond. Être heureux parce que le ciel est bleu et parce que la pluie a cessé, ou parce qu'elle recommence. Être heureux parce que la jeune fille au manteau couleur prune vous a souri.

Si l'on juge que l'inégalité économique n'est pas un fait naturel, n'est pas légitime, que ceux qui possèdent ne *méritent* pas d'avoir ce que les autres ne possèdent pas (ni mérite ni absence de mérite : ils possèdent parce qu'ils possèdent – et dans un régime plus juste, tout le monde posséderait à égalité), alors cela vaut pour toute vie. L'inégalité existentielle n'est pas légitime et mon fou était alors mon mendiant. Il voulait un « plus de vie » qu'il m'octroyait. Il voulait un bonheur qu'il estimait que je devais lui rendre. Je lui devais cette vie. Je lui devais ces amitiés. Je lui devais ces amours et ces possibilités.

En revanche, si l'on juge que ce que possèdent ceux qui possèdent n'est pas vraiment désirable, si l'on estime que le bonheur qu'on leur attribue est totalement illusoire (ou, sinon illusoire, conditionné et limité) et que, bien au contraire, leurs possessions ne leur épargnent aucun malheur et surtout ne les rendent pas moins cons et pénibles, alors cela vaut également pour toute vie, cela vaut également pour toute intensité ou tout bonheur apparent, et mon mendiant était un fou. Et moi j'étais doublement fou de me soucier de ses mendicités.

Qu'est-ce que mon fou aurait fichu au Japon face au présentateur Masaaki Sakai en 2002 ? Comment aurait-il vécu la rupture avec Setsuko en 2009 ? L'impuissance sexuelle en 1996 face à Anastasia ? Le *sickamour* avec Selda en 2012 ? Comment aurait-il réagi face aux humiliations de Benjamin, Eugène et Julie en 1994 ? Face à l'accusation de gourouisme d'Édouard Saint-Pol en 2003 ? Parce que, s'il voulait ma vie, il pouvait la prendre, mais il ne pouvait quand même pas choisir les morceaux ! C'est un ensemble. Il devait tout prendre. Les textes que j'avais écrits étaient indissociables des événements les plus pénibles que j'avais vécus. Et les événements heureux qui pouvaient éventuellement accompagner ces textes étaient tributaires des événements malheureux qui les avaient inspirés.

Désolé mon fou : ce sera Tout ou Rien.

Et dire que, quand j'étais adolescent, j'avais rêvé d'être Lennon, Prince ou Zappa ! Imaginais-je ce que cela représentait, non en réussite artistique, en chefs-d'œuvre qui me rendaient à la fois admiratif et jaloux, mais, aussi et surtout, en souffrances accumulées simultanément à ces moments de génie créatif ? En aurais-je supporté une seule ? J'avais rencontré pas mal d'aspirantes comédiennes qui avaient rêvé du succès de Marilyn Monroe, mais aucune qui aurait été prête à échanger une journée de sa vie contre une journée de la leur.

Aucune vie n'est désirable, aucune. Aucune joie n'est enviable, jamais. La seule chose qui compte, c'est ce qu'on est, soi-même et personne d'autre, et ce qu'on est capable de faire de cette vie qui est entre nos mains. La seule chose qui compte, c'est, après aimer ce qu'on aime, vouloir ce qu'on veut, savoir ce qu'on sait et faire ce qu'on fait, être ce que l'on est. Et on doit le faire comprendre aux autres, encore et encore. Non seulement on ne doit pas faire honte aux autres, mais on doit les faire aimer qui ils sont, on doit les aider à s'aimer eux-mêmes pour pouvoir les aider à ne pas haïr les autres.... C'est bien ce que Jésus a fait. C'est aussi ce que Nietzsche a tenté : *« Donner et distribuer jusqu'à ce que les sages redeviennent heureux de leur folie et les pauvres de leur richesse »*.

Ainsi parlait Zarathoustra. Comment faire pour que mon fou cesse de m'envier ? Comment lui faire comprendre que je faisais littéralement tout ce que je pouvais pour ne pas empiéter sur sa réalité ? Comment non seulement m'en foutre, mais surtout l'aider à s'en foutre lui aussi ? Comment lui faire entendre – gentiment, doucement, sans lui faire du mal – que je ne désirais qu'une seule chose, mais je la désirais tant : qu'on s'ignore mutuellement, qu'on coexiste sans empiéter sur le territoire psychique de l'autre, qu'on se fiche la paix...

Je me comportais avec mon fou comme je me comportais avec les différentes personnes qui m'avaient chié à la gueule publiquement : face à leurs méchancetés, si stupides, si inutilement pénibles, auxquelles je n'ai jamais répondu, mon instinct était de laisser pisser. C'était le conseil de Jésus dans l'Évangile de Thomas : *« Soyez passants. »* Ou, plus explicite encore, dans les écrits de Nag Hammadi, ce qu'il disait dans la Doctrine péremptoire : *« Nous ne nous en faisons point s'ils nous calomnient et nous les ignorons quand ils nous maudissent. Lorsqu'ils nous injurient en face nous les fixons sans rien dire. Ceux-là accomplissent leurs œuvres, mais nous, nous cheminons dans la faim et dans la soif, les yeux tournés vers notre demeure, l'endroit vers où tendent notre façon de vivre et notre conscience ; car nous ne nous sommes pas attachés aux choses qui sont venues à l'existence, au contraire nous nous en détournons. »*

La non-violence a toujours été décrite comme la meilleure technique de combat, même si cela ne peut se voir qu'à très court terme et à très long terme. Mais on peut dire qu'à très court et à très long terme, il n'y a, en elle, aucune différence entre l'éthique et la stratégie.

À très court terme, la non-violence est excellente. Éthiquement et stratégiquement. Parce qu'elle ne laisse aucune trace. C'est une action pure, sans dépôt. Nous *« passons »*, comme dit Jésus, et, du coup, en passant, nous pensons à autre chose. La non-violence évite de nourrir la colère comme l'amertume qui sont probablement les états qui nous nuisent le plus. Et du côté de l'agresseur ? La non-violence frustre le méchant mais elle reste « ouverte » : elle laisse sans cesse ouverte pour lui la possibilité d'arrêter de nous nuire et, par la même occasion, de se nuire également à lui-même.

À long terme, la non-violence est excellente. Stratégiquement et éthiquement. Les chrétiens, en consacrant des milliers de pages aux Sans Roi, leur ont permis de rester parmi nous, au lieu de les faire disparaître comme ils le souhaitaient. Aujourd'hui on s'intéresse plus à la pensée de Valentin qu'à celle d'Irénée de Lyon. Tous les polémistes et les pamphlétaires font exister leurs ennemis bien au-delà de leur mort ; ils ont *besoin* de les faire exister, ils n'existent pas sans eux. Ils en deviennent même douteux. Comme pour les Sans Roi, on finit par se demander si le sujet du pamphlet n'est pas plus intéressant, voire plus pertinent, que son auteur…

Alors, à moyen terme, évidemment, la violence permet l'extermination des manichéens ou des cathares : des populations religieuses entières qui ont été tuées sans répondre, parce que voulant appliquer à la lettre la pensée de Jésus qui prônait la non-résistance au méchant. Mais, même à moyen terme, il est largement préférable de mourir en restant fidèle à ses principes que de continuer à vivre en les ayant trahis. Si nous le pensons quand nous le voyons chez les autres, alors nous devons le penser pour nous-mêmes. Rien ne semblait énerver Léon Tolstoï davantage que le pinaillage sur la question de la non-résistance au méchant : « *On peut affirmer qu'il est très difficile de suivre toujours cette règle, on peut contester que l'homme qui suit cette règle soit bienheureux ; on peut dire que c'est stupide, comme le disent les non-croyants, que le Christ était un rêveur, un idéaliste, qu'il a donné des règles impossibles à suivre et que ses disciples les ont respectées par bêtise, mais il est impossible de ne pas reconnaître que le Christ a dit, d'une manière claire et précise, exactement ce qu'il voulait dire, à savoir que, d'après son enseignement, l'homme ne doit pas résister au méchant et que celui qui a accepté son enseignement ne peut pas rendre le mal pour le mal. Or, ce sens si simple, si clair des paroles du Christ n'est compris ni par les croyants ni par les non-croyants.* »

Un homme qui se revendique de Jésus et qui en tue un autre ne peut pas ne pas être en enfer. Il *devient l'enfer.*

Un homme qui, au nom de Jésus (ou de ses principes), pratique la non-violence peut énormément souffrir dans cette vie. Il peut être torturé, maltraité, assassiné, mais il sera toujours moins malheureux que celui qui trahit ses principes pour survivre. Il pourra toujours regarder sa vie *de plus loin* et ne pas flamber de honte.

Bref, voilà où j'en étais en août 2016 : moi-même fou, moi-même hospitalisé à Saint-Antoine, sans plus savoir si j'étais malade du ventre ou de la tête. Implicitement, tout cela ne voulait dire qu'une chose : je considérais mon fou comme mon égal et j'essayais de démontrer – par l'exemple – qu'il y avait de la place pour deux fous au moins sur cette planète sans que l'un empiète sur l'autre... Peut-être que, lors de mon séjour à Saint-Antoine, mon fou avait enfin la vie qu'il estimait lui revenir de droit ?

À partir de cet instant, même si le séjour n'a pas duré très longtemps, je ne pourrais plus jamais être sûr que je suis sorti de l'hôpital Saint-Antoine. Mais réciproquement, je pourrais voir dans tout homme que je rencontrerais un patient tout aussi empêché dans ses mouvements que moi. Et c'est là où tout devient, peut-être pas beaucoup plus gai, mais certainement plus léger. Une fois de plus, je voyais scintiller le labyrinthe pourri du Démiurge, mais il m'apparaissait de moins en moins triste, de moins en moins sordide. En fait, plus le labyrinthe réapparaissait, plein de ces petites lumières scintillantes comme une guirlande électrique de Noël, plus il finissait par se confondre avec une énorme fête de carnaval.

Si nous acceptons de nous voir comme des patients errant dans un grand hôpital, nous comprendrons que nos interlocuteurs ne sont pas plus libres que nous. Ils essaient de l'être ; nous essayons tous de l'être. Ils veulent être ce qu'ils sont, mais c'est excessivement difficile, encore plus difficile que d'aimer ce que l'on aime, vouloir ce que l'on veut, savoir ce que l'on sait et faire ce que l'on fait. Et nous ne devons jamais nous croire moins fous, nous ne devons jamais nous croire plus libres que ceux que nous écoutons.

# Le premier à mourir réveille l'autre

Le 22 août 1987, jour de son anniversaire, mon grand-père meurt. Je n'ai pas connu mes grands-parents du côté de mon père. Sa mère est morte beaucoup trop jeune et son père m'a tenu dans les bras bébé juste avant de partir de l'autre côté. Par contre, j'ai bien connu mes grands-parents maternels. Ils vivaient dans l'appartement d'à côté, sur le même palier, au quatorzième étage du 20, rue de la Fédération. Je vouais littéralement un culte à mon grand-père égyptien copte, que j'appelais à l'égyptienne « Guedo ». Pour moi, ce sera toujours un vieux petit Arabe burlesque alternant entre un costume trois pièces gris (à l'extérieur) et une robe de chambre bleu marine (à l'intérieur). Quand il n'était pas au Caire, il passait ses soirées au salon pendant que ma grand-mère et moi regardions la télévision dans la chambre. Il lisait. Il écoutait de la musique classique – qu'il accompagnait parfois avec une baguette de chef d'orchestre. Ou bien il regardait les étoiles avec sa lunette astronomique. Il était intelligent et mystérieux, Guedo.

C'est un matin, je me réveille et c'est le bazar entre les deux appartements. Les portes sont ouvertes ; mes parents et ma grand-mère sont sur le palier ; les chats passent d'un appartement à l'autre. Ils parlent, prennent des décisions, me disent de préparer mes valises. Vite, vite : on part immédiatement. On va au Caire, Guedo est hospitalisé, il va mourir. Ça faisait plusieurs années déjà qu'il avait son cancer. Il était parfois si maigre que ça me faisait une boule à la gorge. Je comprenais que quelque chose n'allait pas mais je ne savais pas quoi. Quand on me l'expliquait, mon cerveau switchait et imaginait autre chose. Je n'arrivais tout simplement pas à enregistrer l'info. On part. On se retrouve au Sheraton, d'abord, puis au Mena House, l'hôtel à côté des pyramides. Il y a évidemment Nabil Sebad au comptoir de l'hôtel, en train de faire le con.

Et mon grand-père meurt. C'est mon premier deuil. Soudain la mort existe. Soudain ce n'est pas seulement dans les films ou chez les autres. Je me réveille un matin et mon père me dit « Guedo est mort » et me prend dans ses bras. Les larmes coulent d'elles-mêmes, sans que je m'en rende compte. Ma mère est à l'hôpital. Mon père emmène ma grand-mère et moi au musée du Caire, sous la pluie, on est malheureux mais on se perd entre les statues de pharaons et de dieux, ou dans les rues de la ville… Il ne pleut jamais au Caire mais, comme mon grand-père est mort, le ciel fait une exception.

À mon retour à Paris, je deviens primitif. Je me construis une sorte de temple, un camp retranché dans ma chambre au fond de laquelle j'installe des autels en pâte de carton mâché. Je deviens insomniaque. Mes nuits sont rythmées par les épisodes de *Voisin, voisine*, le *soap opera* que diffuse la cinquième chaîne de la télévision. Des voix inconnues se nouent en moi. Elles s'étreignent, se capturent, s'embrassent. Le monde n'est plus qu'un combat permanent entre les émissions de la nature, une guerre sainte au sein du chaos des formes, cliquetis d'épées qui se croisent, gerçures sanguines.

La mort des autres nous fait changer : c'est connu. C'est même la seule chose à tirer de leur départ. Lorsqu'une personne que l'on aime meurt, la seule consolation à notre chagrin, c'est qu'elle va nous transformer. Si nous l'écoutons et lui accordons notre confiance et si, malgré sa mort qui nous a fait tant de peine, nous continuons à l'aimer et à lui parler, elle nous aidera à devenir ce que nous sommes. Les morts sont de grands amis. Les morts nous aident volontiers, sans contrepartie, parce qu'ils n'ont plus besoin de rien. Ils sont dans l'amour. Ils ne sont que dans l'amour.

Après la mort de Guedo, je change. Je sens en moi un début de révolte et je décide, à douze ans, de devenir adulte. Ou du moins de cesser d'être un enfant. Le monde de l'école et les goûts formatés de l'adolescence vont devenir mes cibles principales. Je hais sans faire de distinctions Madonna, Mitterrand, Le Pen, Pasqua, Jean-Paul II, Patrick Poivre d'Arvor, le Parti socialiste, la télévision, le Top 50, la variété, le racisme, la connerie... Je deviens anarchiste et anticonformiste, pacifiste et artiste. Je rencontre le dessinateur Jean-Christophe Menu qui devient mon mentor et, de Gébé à Olivia Clavel en passant par Mattt Konture, je lis quotidiennement des bandes dessinées qui forgent ma sensibilité. Les écrits d'André Breton m'aident à élaborer et articuler ma pensée. J'avais commencé à me passionner pour les Marx Brothers et les Monty Python et à approfondir mon goût pour la musique des Beatles. Menu me fait découvrir les Residents et je tombe amoureux des films de Luis Buñuel et de Stanley Kubrick.

Un jour de décembre, au plus fort d'une otite, je glisse entre les mailles de la réalité et j'entraperçois pour la première fois autre chose. Je me réveille dans un monde miroir où je suis quelqu'un d'autre. Mon visage même est différent. Barbu, bouffi, avec cravate, costume et chapeau, c'est dans le corps d'un jeune homme vieux de vingt-cinq ans que je vis. Je suis alors isolé dans une mansarde, sur une plage, sous un ciel sans soleil ni lune. Les choses s'y éclairent d'elles-mêmes, entourées d'une *aura* de lumière pâle, tamisée, presque bleue. Rythmé par les vagues percussives de l'Océan, je dessine. Un diable en frac et chapeau claque, bien plus sympathique que ceux que j'ai rencontrés jusqu'alors, fait office de médiateur entre moi et le monde. Il me nomme alors *l'étrange monsieur Lowikont.*

Je ne reviens de cette expédition dans les contrées paisibles de l'autre monde, de la rêverie ou de l'imagination vécue, que par un douloureux effort qui me laisse insatisfait. Je comprends alors que la vie est un coup monté. Cette intuition fondamentale va guider toutes mes réflexions ultérieures, orienter mon étude, décider de ma vie. Je ne suis le scribe que d'une seule révélation : votre vie n'est pas la vie, votre monde n'est pas le monde, et plutôt naviguer de délire en délire que de me compromettre avec un monde inacceptable.

Quatre ans plus tard, le 2 mai 1992, c'est ma grand-mère qui meurt. Elle meurt dans mes bras. Mes parents et moi vivons alors à Clermont-Ferrand, elle est retournée vivre avec ses deux sœurs à Saint-Étienne. On apprend le matin du 2 mai qu'elle est malade, et qu'elle ne sort pas de son lit. On part immédiatement en voiture à Saint-Étienne (pluie battante sur la route, conifères auvergnats dans la brume), on arrive chez elle et, dès que je rentre dans la chambre où elle agonise, elle me prend dans ses bras et, soudain, elle meurt. On me fait sortir de la pièce. Je ne suis pas seulement triste, je suis hagard. Je ne comprends pas ce que je viens de voir, ce que je viens de vivre. J'ai l'impression d'être très, très seul, soudain. Je prends au sol une statuette de lapin blanc, comme sortie de nulle part, que je conserve précieusement – et que j'ai toujours chez moi. Ce lapin blanc est un objet magique qui me réunit pour toujours à ma grand-mère. C'est un téléphone me permettant de communiquer avec elle.

J'avais de ma grand-mère le goût du *kitsch* : lapins, canards, chinoiseries, marionnettes, masques et ambiances de *soap opera*. Quand je restais chez elle, et avec elle, je regardais même *Santa Barbara*. Je ne suivais pas l'histoire et me contrefichais des personnages, je regardais juste le maniérisme extrême des décors, couleurs, lumières, le mauvais goût des coiffures et costumes, la lenteur des acteurs, ce décalage presque mystique. *Voisin, voisine* la nuit, *Santa Barbara* chez ma grand-mère et même *Ma sorcière bien aimée* à 18 heures et le *Cosby Show* à 20 heures tous les soirs : il s'en faut de beaucoup que les premières séries télévisées que j'ai regardées soient de bonnes séries !

Ma grand-mère est restée une petite fille, toute sa vie. Face à elle, avec elle, je me transformais en petite fille également. Je me vivais comme Alice, évidemment, mais aussi comme beaucoup d'autres personnages des romans de Lewis Carroll. J'étais le lapin blanc, ayant toujours peur d'être en retard quand j'allais à l'école. Et je serais plus tard comme le chapelier fou (ou le lièvre de Mars) à l'époque de la revue *Spectre* : bloqué dans un temps absurde, le non-temps anxiogène des pseudo-artistes, à biberonner au vin et à la bière. Aujourd'hui j'ai pour modèle le chat de Chester, souriant devant la violence des rois ou des reines qui veulent lui couper la tête.

La première mort importante de ma vie d'adulte, c'est celle de ma chatte Yume. C'est le 23 mai 2016, soit quatorze ans plus tard. C'est une de mes épreuves les plus douloureuses (il y a eu une autre mort, très douloureuse, dans ma jeunesse ; une mort dont le deuil a été presque impossible, mais celle-là je ne suis pas encore capable de la raconter – dans un autre livre ou dans une autre vie peut-être). Yume arrive dans ma vie en 2004, alors qu'on vit ensemble, Setsuko et moi. Yume est une chatte tigrée, gourmande et irascible. Elle est adorable avec moi, mais ronfle après presque tous les autres. Lors de la rupture avec Setsuko, elle reste avec moi. Yume et moi avons alors une relation de plus en plus fusionnelle. Elle reste presque toujours dans la même pièce que moi, adore dormir sur mes genoux, parfois elle dort collée contre moi pendant la nuit. Je parle énormément avec elle. De tout, tout le temps. Mais elle n'a qu'un seul rein, et il travaille pour deux.

Yume tombe très malade en 2016. Deux fois, à quelques mois de distance. Parallèlement je tombe moi-même malade. Elle aux reins ; moi au foie et aux intestins. Le début de l'année est apocalyptique. Il fait un froid épouvantable, des travaux de peinture ont lieu chez moi et, soudain, le chauffage central pète. Yume et moi vivons alors dans le froid, la mauvaise santé et les odeurs de peinture. La première fois qu'elle tombe malade, en février, elle s'en remet. Les vétérinaires sont émus, et moi aussi. On pense qu'elle est de nouveau bien et que le soleil et la joie vont revenir.

Mais, deux mois plus tard, c'est une nouvelle crise. À nouveau, Yume est prostrée, ne mange plus, ne boit plus. Elle souffre atrocement, silencieusement. Setsuko, qui m'a aidé la première fois, est au Japon et ne compte pas revenir. Je vais seul accompagner Yume dans ses dernières semaines. J'annule tout ce que je dois faire. Je ne sais pas ce qui va se passer ; je navigue à vue. Les vétérinaires acceptent que je reste toute la journée à la veiller dans leur salle de soins où ils l'ont mise sous perfusion. Chaque soir, je la remmène chez moi. Chaque matin, elle va plus mal. Elle n'arrive plus à marcher. Elle n'a plus d'énergie. Ses pattes deviennent molles. Parfois, pendant la nuit, alors que je dors auprès d'elle, je la retrouve au sol. Elle a essayé de descendre de son fauteuil et elle est tombée. Jour après jour, elle bouge de moins en moins. Les vétérinaires me disent de la laisser partir. Mon père me dit de la laisser partir. Je n'y arrive pas. Je n'arrive pas à y croire. Je finis par arriver à un accord avec les vétérinaires : je la garde deux jours. Si elle est encore là deux jours plus tard, je les laisserai l'endormir, parce qu'il ne faut pas la faire souffrir inutilement. Sinon, elle pourra mourir chez elle, avec ses affaires, son fauteuil tout griffé, le grand carton qu'elle aime déchirer et que j'appelle sa « sculpture » ou son « œuvre d'art », bref : tout ce qui a fait sa vie. Et pas dans la clinique d'une vétérinaire qu'elle n'a (pardon) jamais pu encadrer.

L'avant-dernier jour, nous vivons dans un état presque hallucinatoire l'impression de revivre nos jours heureux. Nous sommes tout le temps ensemble, à faire comme si Yume allait mieux (et peut-être même quelques instants va-t-elle mieux). Je l'amène d'une pièce à l'autre. Je la caresse et lui parle de tout. Elle me regarde joyeusement. Si c'était un humain, elle sourirait. Elle ne mange pas, mais, pour le reste, elle semble se comporter comme si... Elle gratte même un peu son carton « sculpture ». Et puis la nuit tombe. Et puis je m'endors auprès d'elle, sachant que le plus dur, c'est toujours le réveil, l'état dans laquelle je la retrouve le lendemain...

23 mai 2016. Dès le matin, elle commence à pousser des cris déchirants. Des cris qu'elle n'a jamais poussés avant. C'est la fin, je le sens. Je pense qu'elle va partir ici, avec moi. Je veux lui laisser cette possibilité. Si l'agonie est trop longue, j'appellerai les vétérinaires ; sinon elle partira parmi ses affaires. Elle crie ces cris terribles, je la porte sur le lit où elle peut s'allonger. Je m'assois à côté d'elle, et je commence à lui raconter toute son histoire avec moi, avec Setsuko, avec mes parents, leur chat qu'elle aimait tant, etc. Toute cette histoire, toute la joie, l'amour, les plaisirs et les tristesses qu'on a partagés... Pendant un moment elle se met à ronronner très fort, beaucoup plus fort qu'elle n'a jamais ronronné. Puis soudain, elle pousse un cri plus lent et long que les autres, et soudain, dans un souffle, elle meurt.

Au moment de partir, elle me fait un cadeau inouï : elle apparaît à côté de son corps dont le cœur s'est arrêté de battre. Je la vois quelques instants vraiment distinctement. Ce n'est pas une hallucination. Elle est là. Yume m'informe que l'autre monde existe et qu'elle y est déjà. Je ne peux pas le dire autrement : *je l'ai concrètement vue à côté de son propre corps à l'instant de sa mort.*

Ce n'est pas le seul cadeau. Elle m'en fait un autre quelques instants avant de partir – un cadeau que je lui avais préalablement demandé. Je lui ai demandé de m'aider à cesser de souffrir de la méchanceté des anciens amis. C'est vraiment ce qui m'a le plus blessé, pendant tant d'années, même si ça semble tellement loin aujourd'hui. Et j'ai l'impression d'avoir été exaucé. Je crois que je ne souffrirai plus des défections amicales, même si, depuis mai 2016, j'ai dû pour cela déconstruire minutieusement toutes les questions relatives aux souffrances liées à l'amitié. Ça a même été un de mes enjeux principaux ces trois dernières années, avec celui de déconstruire les souffrances liées à l'amour, au travail, à l'ambition et finalement au deuil... C'est Yume qui m'a aidé à écrire ce livre, je m'en rends compte maintenant. C'est ce que je lui ai demandé : à partir du moment où la vie après la mort n'est plus une supposition mais une certitude, la question unique qui se pose, c'est celle de la juste conduite de vie.

Si on pense que le dieu des monothéistes, le Démiurge, est une ordure et ce monde une prison, un hôpital ou un labyrinthe de malheurs, il faut savoir répondre à cet état de fait comme un homme qui cherche à s'en évader, à en sortir et à aider les autres à en sortir également. Mais on ne doit pas attendre la mort pour en sortir, et, du reste, la mort n'est pas une condition suffisante pour qu'on en soit sorti. On doit sortir de ce labyrinthe de son vivant, sinon on continuera à errer dans la mort. « *Au-delà de ce monde,* dit Jésus dans l'Évangile de Philippe, *il y a quelque chose de vraiment mauvais, c'est le monde intermédiaire, le monde des morts. Pendant que nous sommes dans ce monde il serait juste d'acquérir la résurrection afin que libres à l'égard de la chair nous connaissions le repos et que nous ne devenions pas des esprits errants dans le monde intermédiaire.* »

Dans l'Évangile de Philippe, la résurrection n'est pas à penser comme un événement situé après la putréfaction du corps, mais comme un changement de manière d'être au monde. « *Ceux qui disent qu'on va d'abord mourir et ressusciter ensuite sont dans l'erreur*, dit encore Jésus. *Celui qui n'est pas ressuscité avant de mourir ne connaît rien, il mourra.* » On retrouve cette notion de « *résurrection dans la vie* » partout dans les textes de la bibliothèque de Nag Hammadi. Dans le Traité de la résurrection attribué à Valentin, on peut lire également : « *N'allez pas supposer que la résurrection est une apparition. À la place, on devrait soutenir que le monde est une apparition, plutôt que la résurrection. C'est une révélation de ce qui existe en vérité, et une migration en quelque chose de neuf.* »

La « *résurrection dans la vie* » est un changement d'état qui passe par la compréhension symbolique des événements de ce monde : l'exégèse de la vie, l'exégèse de l'âme. Et cette exégèse s'accompagne d'une transmutation des « *réalités d'en bas* » de sorte qu'elles cessent de nous plomber. Cette exégèse se nourrit de la crasse qu'on lui a donnée et elle en fait de l'or. La « *résurrection dans la vie* » du Sans Roi est donc analogue à l'acquisition de la pierre philosophale. Et c'est cet état auquel j'ai toujours aspiré dont Yume me montrait qu'il était accessible et qu'il fallait que je travaille désormais à acquérir, pour moi-même comme pour les autres. En faisant l'exégèse de notre vie, on change notre regard sur elle et sur le monde, mais, par un phénomène de vases communicants, ce n'est pas seulement notre regard qui change lorsque l'exégèse a été produite, c'est le monde lui-même. La mort n'a plus d'emprise sur celui qui, par cette pratique, est « *ressuscité de son vivant* ». Le moment de la mort, c'est seulement celui du passage, un changement d'état, les murs de la réalité s'effondrent et on passe dans une réalité plus vaste et plus complexe. Mais c'est encore le labyrinthe.

Puis vient le tour de mon père. La maladie de mon père, d'abord. Les mois les plus épouvantables de ma vie. Les semaines les plus tristes. Les jours les plus gris. L'impression que la vie se retourne contre vous dans votre sommeil et vous plante un pieu dans le cœur. Pendant des mois, j'aurai l'impression d'avoir des cendres à la place des jambes, des cendres à la place du corps, des cendres à la place de ma force.

Ça commence en août 2017. Je suis avec une amie sur une terrasse de Ménilmontant quand j'apprends par téléphone qu'il a un lymphome, petit mais « très coriace », et qu'il va falloir faire une chimio très lourde dès début septembre, très fatigante, très brutale, mais qu'en étant très violent contre le lymphome, il réussira à le combattre. Sur le moment, je n'arrive pas à retenir mes larmes : l'intuition, probablement, que quelque chose ne va pas du tout dans cette histoire. Et mon père m'engueule. « Arrête de réagir comme ça, tu es toujours excessif ! » Sept mois plus tard, il était mort.

Ce seront sept mois d'horreur pure. Sept mois à l'institut Curie : sordide comme un squat, comme un *« decoy hospital »*, un décor pour une pièce mélodramatique. Sans parler des médecins aux gueules de poubelle comme cette vieille petite fille sèche et méchante nommée docteur Klossowski. Rien ne calmera ma haine pour les médecins qui ont tué mon père, avec son consentement, et ont fait des sept derniers mois de sa vie une suite continuelle d'opérations épuisantes et destructrices, de rendez-vous sinistres où ces messieurs-dames se permettaient de l'engueuler, littéralement l'engueuler, de ne pas guérir – avec tout ce qu'ils faisaient pour lui...

J'ai l'impression qu'il n'a pas cessé de pleuvoir et de faire froid pendant ces sept mois. J'ai l'impression que, de septembre 2017 à fin mars 2018, j'ai vécu toutes mes journées sous des trombes glacées et dans une atmosphère empoisonnée, dans des bus allant de chez moi à l'hôpital ou de chez moi à chez mes parents et des taxis retour le soir, pendant les nuits humides et froides... Un monde sombre, gris, pluvieux. Un monde où, certes, j'ai eu des moments de lumière (en particulier la sortie du livre qui me tenait le plus à cœur, l'essai sur les Sans Roi) mais qui étaient comme des flashs éblouissants dans un tunnel sombre comme la suie.

Les moments les plus heureux étaient eux-mêmes tristes parce que c'étaient les très rares instants où mon père allait un peu moins mal. Ces courts moments de répit étaient vite suivis de nouvelles descentes dans les enfers de la pourriture chimiothérapeutique. Et je voyais les médecins préconiser des chimiothérapies plus violentes à mesure que le lymphome, si petit au début, devenait un peu plus gros après chacune de leurs sessions. À tort ou à raison, je ne voyais pas des médecins, je voyais des tueurs légaux.

Plus ça avance, plus il devient clair qu'il ne survivra pas. Mon père et moi passons des après-midi ensemble, à parler de tout et de rien. On parle surtout d'écologie. C'est un sujet qu'il maîtrise beaucoup mieux que moi et qu'il est susceptible de m'expliquer. D'autant plus que là, mon père ne se soucie plus que d'une chose : la disparition des oiseaux.

Lui qui avait été si ronchon, si grognon, si amer même… il cesse complètement de l'être. Même sur des sujets politiques (une de ses constantes, toute sa vie, aura été de tenir à ses idéaux de jeunesse et de critiquer ceux qui les abandonnent), il n'a pas envie de se disputer. Malgré son fond scientifique (il était scientifique mais il n'a jamais été « scientiste »), il laisse la porte de plus en plus ouverte à la spiritualité. Le seul livre que j'ai écrit et qu'il ait aimé est ce dernier livre, consacré aux Sans Roi. Il se reconnaît dans cette spiritualité anarchiste, anticléricale, anti-« religieuse ». Au fond, en l'écrivant, j'écrivais le livre que mes parents auraient dû écrire, puisqu'il était la conséquence de leur éducation. Dans la poche du costume qu'il portera dans son cercueil, je glisserai une petite poupée de lapin et un exemplaire de l'Évangile de Philippe que je lui avais donné. Je lui en parlais comme d'un téléphone « direct »…

Lui qui avait été si joueur et si gamin, il ne l'est plus du tout. Il est grave et triste. Avant, pour exprimer son humeur, il explosait dans une tempête d'onomatopées et de mots inventés : Pouet, Zbignew, Macheprot, Bourzoufle... Mais depuis qu'il est entré dans cet hôpital, ce n'est plus le même. C'est toujours le père qui jouait aux Lego, aux Playmobil ou aux Schtroumpfs avec moi, mais il ne peut plus jouer. Je lui apporte des bandes dessinées, mais presque tout l'ennuie, sauf Fred. Il relit tout *Philémon*. Peut-être que cela le prépare au voyage... On essaie d'écouter de la musique, mais les Rolling Stones le fatiguent et Otis Redding le fait pleurer.

Les médecins veulent le faire mourir à l'hôpital. Mon père ne veut pas. Ma mère et moi non plus. On doit littéralement se battre contre le docteur Klossowski pour qu'elle accepte qu'il rentre chez lui pour ses derniers jours. « Vous ne voulez pas comprendre, il va mourir, dit Klossowski. — Et alors ? Vous aussi vous allez mourir, je lui réponds. Et moi aussi. — Je ne vous permets pas de me parler comme ça. — Libérez-le. — Bon. Très bien. » À partir du moment où ils le laissent partir, on a l'impression que l'hôpital se vide. Alors qu'il s'installe chez lui, il a oublié l'appareil pour mesurer sa tension. Je vais le lui chercher : l'institut Curie est alors comme un ancien décor de film. Il n'y a personne dedans, juste deux ou trois Antillaises qui nettoient les sols (un titre à la Chloé Delaume : *Un monde avec personne dedans*). Même les patients ont disparu. J'ai une impression de fin du monde, de fin de tout. Puis, quelques jours plus tard, il meurt.

Les conflits secondaires s'effacent, les rivalités mineures s'évanouissent, les incompréhensions momentanées disparaissent, toutes et tous balayés par les vagues du Temps. Il ne reste plus que cette flamme éternelle, cette lumière mystérieuse qui ne s'éteint pas et nous lie désormais pour toujours. Ce qui est terrible avec la mort, c'est qu'elle est vraiment le moment où on saisit ce cadeau précieux qu'a été notre vie. Ce qu'il y a de plus beau dans notre vie apparaît à l'instant où il disparaît à nos yeux pour toujours. Quand mon père est parti, nous étions enfin en paix. Nous n'étions plus liés que par l'amour. Nous avions fini de débattre, de nous distinguer ou de nous opposer. Nous ne pouvions plus nous engueuler. Et nous nous tenions tous les deux devant la porte de l'autre monde et je lui prenais encore la main comme lorsque j'étais enfant… Le dernier jour, alors que ma mère nous laisse quelques instants, je le regarde dans les yeux et je lui demande ce qu'il veut que je fasse pour lui, une fois qu'il sera de l'autre côté. Et il me dit simplement : « Continue à parler avec moi. »

Et mon père meurt, comme Yume, dans une agonie de quelques heures seulement. Une agonie si courte qu'elle semble presque irréelle. Il ne souffre pas. Il meurt juste avant de vraiment souffrir. Mercredi 4 avril 2018 à 19 h 10, il meurt dans les bras de ma mère, leur chat à côté de lui, juste à l'instant où j'étais reparti chez moi me reposer... Au moment même où je suis arrivé chez moi, ma mère m'a rappelé, je suis reparti aussitôt en taxi, et je l'ai vu alors qu'il venait de mourir. Il avait soixante-neuf ans…

Les jours qui suivent sa mort se déroulent comme si j'étais sous hypnose. Je marche comme si je suivais les pas d'un somnambule. Mais, comme il me l'a demandé, je continue à parler avec lui – continuellement. Je rêve de lui à répétition. La veille de son enterrement, je rêve que nous sommes tous deux retranchés dans la salle vide d'une université entourée par des militaires qui blessent grièvement des civils alors en manifestation contre le gouvernement (ambiance Gilets Jaunes un an avant). On ne peut pas sortir et, mon père et moi, on regarde un film sur Nietzsche. Je pleure et il me console. Je pleure en pensant à la violence que représente l'apparition d'une pensée originale chez un individu. La violence de ce qu'a été la vie de Nietzsche ! Mon père me dit de m'endurcir. Et il me dit que Nietzsche aurait continué à communiquer ses idées avec son père après la mort de celui-ci pendant plusieurs années, jusqu'au moment où l'époque était devenue trop différente pour que son père décédé puisse la comprendre...

Je m'isole pour écrire son oraison funèbre. Puis je rejoins ma famille à Pierrefonds pour son enterrement. Lorsque je lis, je le vois distinctement entrer dans l'église, s'asseoir au fond, puis repartir. Le jour de son enterrement, c'est le premier jour de beau temps de l'année, le premier depuis sept à huit mois, même.

Encore et encore, mon père va revenir. Peut-être parce qu'il sent que je ne supporte pas son absence. Peut-être parce que je lui ai fait la promesse de ne pas cesser de lui parler. Je le verrai distinctement, plusieurs fois, dans le village de Pierrefonds, sur le boulevard de Montparnasse. Et bien sûr dans des rêves qui n'étaient pas des rêves, des hallucinations vécues distinctement.

C'est un deuil d'un an, presque. Toute l'année j'ai des visions, des rêves, des maladies bizarres. En octobre, alors que je dois faire une conférence au Forum des images, j'ai un abcès à la gorge – une épreuve d'une violence folle. On me donne un analgésique qui provoque des hallucinations. J'ai des rêves d'angoisse, toujours dans la continuité de cette révolution qui vient, mais avec des tueries et une chronologie de l'apocalypse. Je vois des jeunes gens qui essaient d'empêcher les conflits mondiaux d'exploser et qui échouent, mais leur échec est noble et magnifique… Chaque fois, je sais que mon père est mort *mais* il est simultanément là. Je vois mon père dans une galerie-librairie. Encore une fois je sais qu'il est mort. Encore une fois ça ne pose pas de problème. Il veut acheter une publication, un petit livre révolutionnaire. Je lui demande s'il a encore de l'argent. Il me dit « oui » et me montre une sorte de poudre argentée. Un jour d'hiver, il apparaît même sur mon sofa et il me demande : « On va regarder quoi ? » Je ne sais quoi lui répondre, je regarde surtout des films d'amour pour une émission de Web TV que je vais tourner bientôt avec Rafik Djoumi et Louisa Yousfi. « Tu veux voir quoi ? », je lui demande. « Je veux revoir *Twin Peaks*, me dit mon père. Je veux comprendre ce que je n'ai pas encore compris. » Le troisième essai sur *Twin Peaks* est le premier texte que j'achève après sa mort. Alors qu'il n'en est jamais question, je pleure en le rédigeant comme si je parlais de lui ou comme si je lui parlais.

Mon père ne cesse pas de revenir, il ne cesse pas de m'accompagner, comme s'il essayait de me révéler, depuis la mort, le secret de la vie. Ce secret, c'est que nous ne sommes vivants que lorsque nous avons dépassé la distinction entre la mort et la vie. Nous ne sommes vivants que lorsque la mort n'a plus aucune réalité pour nous et que nous parlons indifféremment avec les vivants et les morts. Nous ne sommes vivants que lorsque nous avons *« ressuscité dans la vie »* et que la mort n'a plus sur nous aucun pouvoir.

Tu le sais, lecteur, et c'est pourquoi ce livre est aussi le tien : nos souffrances n'ont aucune valeur si nous ne leur en donnons pas. Nulle valeur n'est intrinsèque ; toute valeur est attribuée par nous au sein de ce labyrinthe de malheurs, soit pour nous approcher de la sortie, soit pour nous en éloigner. Et nous sommes bien fragiles si nous n'accordons de la valeur qu'à nos joies. De même, nous sommes bien peu stratèges – et bien peu éthiques – si nous n'accordons de crédit qu'aux vivants.

Nos malheurs peuvent nous plonger dans les ténèbres, mais, correctement perçus, justement interprétés, ils deviennent la matière même de notre délivrance. Les morts nous hantent, nous obsèdent, nous aliènent, mais ils ne demandent qu'à devenir ce qu'ils sont essentiellement : de l'amour. Un amour puissant, vivant, éblouissant.

Toute la matière que nous donne cette vie est double et, comme l'âme adventice, il n'est pas un événement qui ne produise son ombre avec lui : si cela est vrai pour les événements heureux, c'est tout aussi vrai pour les événements malheureux. Les joies sont ce que nous avons de plus cher ; mais elles peuvent nous rendre bêtes, égoïstes, insensibles, obtus. Les malheurs peuvent nous rendre tristes et amers ; mais ils peuvent aussi nous apprendre le détachement et la métamorphose. Les amis peuvent être sources d'affection. Ils sont toujours la cause de nos plus grands dépits. La mort des êtres aimés est probablement ce que la vie a à nous apporter de pire. Mais il n'est pas un seul deuil qui ne soit aussi un message d'amour et de métamorphose.

Une vie sans malheur serait une déchéance, lente mais sûre. Nul n'est pire, intellectuellement comme moralement, que celui que la vie a choyé comme un enfant gâté. Si nous devons continuer à demander à la vie de nous donner des malheurs, c'est parce que les seuls bonheurs ne suffiront jamais à nous rendre heureux. Dès qu'ils s'accumulent, nous devenons bêtes ou blasés. Mais chaque malheur vient nous chercher à l'endroit exact où nous étions en train de nous endormir et nous pousse à réagir avec force. Et chaque deuil nous rapproche de ce moment où nous voyons soudain qu'à travers notre parcours au sein du labyrinthe, nous devons éprouver – vivre, souffrir jusqu'à en mourir – celui de tous les autres hommes. Nous naissons, nous aimons, nous pleurons, nous mourons. Chaque vie est une *interprétation de la vie*. La vie de chaque personne est comme le commentaire, la traduction ou l'interprétation singulière qu'elle a voulu donner à cette chose commune à tous : la vie. Et de même que nous pouvons lire chaque vie comme un commentaire sur la vie, de même nous devons faire de la nôtre la plus juste expression de notre point de vue. Toute vie est la dramaturgie d'une métaphysique. Toute vie est une image de l'âme.

C'est simple, finalement. C'est même tellement plus simple que nous n'avons pu l'imaginer jusqu'à présent. Nous devons faire notre vie à notre image. Nous devons aimer, vouloir, savoir, faire, être comme nous aimons que quelqu'un aime, veuille, sache, fasse, soit. Comment sont les gens que nous trouvons « vrais » ? C'est comme ça que nous devons nous comporter. Qu'est-ce qu'une action « bonne » à nos yeux ? Ce sont des actions comme celle-là que nous devons toujours privilégier. Qu'est-ce qui nous semble « beau » ? C'est à cette beauté – esthétique mais aussi existentielle ou morale – que nous ne devons jamais cesser de tendre.

C'est ce que les trois premiers psychanalystes que j'étais allé voir – les trois petits cochons : Richard, Finnegan, Louis – ont quand même oublié de me dire. C'est ce que beaucoup de psychanalystes oublient de dire, et oublient de *se dire* également. C'est ce que nous devons nous confier comme un secret mais nous répéter comme un mantra. Toute souffrance s'évapore dans la juste conduite de vie. Toute névrose se dilue dans la vie comme talisman. Tout deuil porte en lui la fleur de notre renaissance idéale. Si nous ne sommes pas capables de devenir le magicien de notre vie rêvée, alors personne ne le fera à notre place.

# Nous n'avons plus beaucoup de temps

La Terre, c'est nous. Il n'y a pas de différence essentielle entre la façon dont nous réagissons aux souffrances de notre vie et la façon dont la Terre réagit aux siennes. Il n'y en a pas entre la façon dont nous réagissons aux agressions que nous subissons et la façon dont la Terre réagit à nos agressions. Depuis si longtemps maintenant, nous sommes l'âme adventice de la Terre. Nous ne cessons de faire tout ce qui est en notre pouvoir pour l'irriter, l'abîmer, la souiller, la rendre malade. Réchauffement climatique, fonte des glaces, pollution des océans, pollution de l'air, extinction des espèces, empoisonnement de la nourriture, gaspillage des ressources naturelles : elle nous a donné de l'or et nous en avons fait de la crasse. Le carnage que nous avons réalisé sur la surface du globe, transformant ce paradis en enfer, c'est ce que l'âme adventice fait sur nous tout le long de notre vie pour le plus grand plaisir du Démiurge. Nous naissons dorés et nous crevons crasseux. Nous sommes la planète malade. Et il ne nous reste plus beaucoup de temps.

Nous vivons un âge sombre. Jamais l'inégalité économique ne fut si obscène. Plus de 80 % des richesses mondiales vont aux 1 % les plus riches. Et ces 1 % ont vu leur fortune augmenter de 13 % en dix ans, transformant toutes les stupides théories du ruissellement en giclées de vomi sur le visage des pauvres. Jamais, à l'échelle de l'histoire, une politique n'a été aussi objectivement conçue *contre les peuples, contre les animaux, contre la Terre.* Cette destruction de la Terre, cette extermination des animaux et cet appauvrissement des peuples, réalisés pour le profit d'une poignée de petits hommes très riches et très malades : non seulement nous allons en vivre les conséquences à très grande échelle dans les années à venir, mais nous en vivons déjà les conséquences quotidiennement, à l'extérieur et à l'intérieur de nous, sur un plan écologique comme sur un plan symbolique. Le labyrinthe de l'âme est dessiné sur la surface de la Terre. Nous recevons les signes de notre grandeur, comme de notre misère, des arbres, des fleurs, des forêts. Chaque animal que nous croisons est un guide, un informateur et un hôte. Chaque arbre est une *personne*. Initialement guérisseurs, certains d'entre eux continuent à travailler avec nous, mais beaucoup sont fâchés et ne veulent plus voir personne. Les océans sont en colère. Le ciel est malade. La Terre est à bout. Nous sommes comme elle. Nous sommes elle. Il ne nous reste plus beaucoup de temps.

Il a fallu que mon père meure pour que je prenne conscience de l'importance de l'écologie. C'est probablement un de ses cadeaux de départ : une de ces choses mystérieuses qui se passent au moment de la mort de quelqu'un, où celui-ci vous confie quelque chose qui vous transforme ou transforme votre manière de voir ou de penser. À la mort de notre ami commun, le réalisateur Francis Vadillo, Jean-Christophe Menu avait écrit : « *Nous avons donc notre ami en nous désormais. Il y a maintenant un peu plus d'anarchisme en nous, un peu plus d'Espagne, un peu plus de punk, un peu plus de révolution !* » J'avais mon père en moi désormais. Il y avait maintenant un peu plus d'anarchisme en moi, un peu plus de science-fiction, un peu plus de musique soul, un peu plus d'écologie.

Une des dernières conversations que j'ai eues avec mon père – et surtout la dernière vraiment significative – était au sujet de la disparition des oiseaux. De la façon dont il en parlait, c'était comme s'il s'excusait de ne pas pouvoir rester pour y assister avec moi. Les morts s'en vont avant que les problèmes commencent. Ils nous laissent nous débrouiller avec la fin du monde. Cette dernière est toujours entre nos mains. Elle est notre legs, notre héritage, ce qui ne peut pas nous être ôté. Elle est notre « *gift* », ce qu'on nous donne et qui nous appartient, comme les puissances donnent à Buffy « *la mort* » : « *Death is your gift* », avec cette ambiguïté du terme « *gift* », talent ou présent. La fin du monde est ton cadeau.

Nous vivons un âge triste. Jamais la mort des animaux ne fut si obscène. Je ne parle pas des 150 milliards d'animaux assassinés chaque année pour être bouffés. Mais les alouettes, les fauvettes, les hirondelles, les perdrix, les ortolans… Depuis les années 1980, l'Europe a perdu 421 millions de ses oiseaux. Les oiseaux aussi vont se casser avant la fin du monde. Ils ne feront pas partie du cadeau. Rachel Carson nous avait prévenus dès 1962 avec *Printemps silencieux*. Elle avait alerté des ravages du DDT, qui combattait les insectes non désirés mais qui empoisonnait jusqu'aux oiseaux. Elle informa. Elle demanda et obtint son interdiction. Mais c'était pour qu'on nous réintroduise les néonicotinoïdes sous de nouvelles formes et pour des effets aussi meurtriers. Les abeilles sont les premières touchées. Puis les papillons, les scarabées, les coccinelles... Enfin, c'est toute la chaîne des espèces qui en pâtit. En outre, au moment où j'écris ces lignes, j'apprends que le gouvernement français souhaite autoriser la chasse de 36 000 oiseaux menacés, 36 000 oiseaux « vulnérables » parmi lesquels la tourterelle (passée de 15 millions à 3 millions d'individus en trente-cinq ans) et le courlis cendré (qui ne représente aujourd'hui plus que 500 000 individus en Europe). Les chasseurs ne tuent plus les oiseaux. Ils les exterminent. Les oiseaux, c'est nous. Il ne nous reste plus beaucoup de temps.

Nous vivons un âge inquiétant. La disparition des oiseaux ne peut pas ne pas être un *« signe des temps »*. Les oiseaux ne sont pas seulement des êtres vivants. Ils n'ont pas seulement une fonction écologique. Ils ne servent pas seulement à la biodiversité, à la survie de ce monde et donc à notre survie. Ils ont aussi une fonction symbolique. À moins qu'on ne considère que l'écologique et le symbolique soient deux expressions d'une même vérité. Et que l'écologie soit toujours l'expression matérielle de ce dont le symbole est l'expression spirituelle.

Dans de nombreuses traditions, il est question de la « langue des oiseaux ». Dans le Coran, on peut lire : *« Salomon fut l'héritier de David et il dit : Ô hommes ! nous avons été instruit du langage des oiseaux et comblé de toutes choses. »* Dans la mythologie nordique, Siegfried, dès sa victoire sur le dragon, comprend automatiquement le langage des oiseaux. On retrouve cette notion en alchimie, chez Cyrano de Bergerac comme chez Fulcanelli. Mais l'apparition la plus importante de celle-ci est dans *Le Langage des oiseaux* de Attar.

Écrit en 1177, *Le Langage des oiseaux* raconte l'histoire d'un pays plongé dans l'injustice et le chaos. Des oiseaux décident de partir à la recherche de leur guide, le Simorg, qui réside dans la montagne de Qaf, située sur une île inaccessible. Le chemin pour l'atteindre est inconnu et, jusqu'alors, nul oiseau n'a réussi à le trouver. C'est un trajet long, ardu et pénible. Beaucoup d'oiseaux désertent ; d'autres périssent pendant le voyage, ou le long de leur périple sur l'île où ils ont encore les fameuses sept vallées à traverser : Talab ! Ishq ! Ma'refat ! Isteghnâ ! Tawhid ! Hayrat ! Faqr et Fana ! Fatigués et abattus, trente seulement atteignent la montagne. Arrivés en haut, le chambellan de la grâce vient leur ouvrir la porte de l'alcazar. Les oiseaux contemplent la face du Simorg et ils tombent dans la stupéfaction. Ils constatent qu'ils sont eux-mêmes le Simorg et que le Simorg est chacun d'entre eux. C'est pareil pour le lecteur du livre d'Attar. À la fin de sa lecture, il constate qu'il est lui-même Attar, Dieu, la Nature, le Démiurge et la véritable divinité, l'âme adventice et tous les pires connards de la Terre. Les oiseaux, c'est nous.

Les oiseaux ont toujours été perçus comme des messagers spirituels, faisant la navette entre ce monde et l'autre. Mais désormais les oiseaux partent sur l'île et ne reviennent pas. Plus les oiseaux s'en vont, plus la fin du monde approche, c'est-à-dire la déconnexion entre les mondes. Quand les derniers oiseaux auront disparu, nous vivrons dans un monde abandonné à sa seule matérialité, sa seule *lourdeur*. Alors nous serons en enfer, vraiment. L'enfer, ce n'est rien d'autre que notre planète une fois qu'on l'a tellement souillée qu'elle est devenue inhabitable, brûlante, étouffante, invivable. Nous y sommes, désormais. La planète en feu est notre cadeau.

Quand j'étais enfant, il y avait des vieux numéros du magazine écologique *La Gueule ouverte* qui traînaient à la maison. Mort en 1973 (deux ans avant ma naissance), Fournier y associait déjà le végétarisme, la non-violence et la décroissance. Il préconisait de passer par l'exemple personnel, le perfectionnement de notre art de vivre : *« Nous voulons commencer par le commencement, changer la vie. Il ne s'agit pas de la vie des autres – trop facile ! – mais de la nôtre propre, de notre vie contingente et quotidienne. Il s'agit de cultiver, dans un but d'exemplarité, de contagion (et si l'exemple ne sert à rien, si la contagion ne se produit pas, tant pis), un art de vivre difficile mais finalement enviable, un art de vivre en bonne santé physique, mentale, morale, sociale, c'est-à-dire en bon accord avec le sol, les saisons, les autres, qu'ils soient plantes, animaux ou humains et en satisfaisant au mieux, c'est-à-dire sans faire de tort à personne ni à nous-mêmes, nos vrais besoins. Car nous n'avons pas des besoins très différents de ceux du nuage, de la terre et de l'arbre. Nous avons comme eux nos nécessités intimes, inscrites en nous, très profondément, par des millénaires de difficile adaptation aux conditions de vie terrestre. »*

C'était magnifique. Mais tout ce dont Fournier parlait semblait encore loin, même si, comme tous les prophètes de l'écologie, il annonçait la fin du monde pour demain. Aujourd'hui, c'est la petite Greta Thunberg qui nous annonce les pires choses pour demain. Et si ce dont Fournier parlait semblait encore loin, tout avait déjà commencé : réchauffement climatique, malbouffe, extinction des espèces, disparition des oiseaux... Nous avons toujours connu la planète malade, la nourriture empoisonnée, les surgelés qui détruisent notre corps et les sodas qui bousillent notre foie. À tel point que nous ne nous rendions pas compte de la façon dont cette planète était traitée. Elle était logée à la même enseigne que nous. *La Terre et les Hommes, une histoire de la maltraitance.*

La fin du monde, c'est nous. Quand je suis né, le souillage du monde avait tout juste commencé. Dans les années qui suivraient, dans un mouvement planétaire impossible à enrayer, la nourriture empoisonnée deviendrait la règle et la nourriture comestible, l'exception. Les cages à lapins se multiplieraient dans les banlieues pour les travailleurs pauvres. Les transports en commun se rempliraient d'hommes compactés comme des sardines en boîte. Le mauvais goût envahirait les villes pour ne jamais repartir : les vêtements deviendraient absolument laids, le kitsch et le plastique s'imposeraient et surtout s'imposeraient *à l'identique* mondialement. Enfin, les capitales, jadis de si beaux terrains de jeu, deviendraient si chères qu'elles en seraient inhabitables sauf pour une poignée de touristes faisant partie des 1 %. Où que l'on aille, cela deviendrait partout pareil. Partout ici. C'est-à-dire partout la mort.

Nous vivons un âge fou. Jamais avenir politique ne fut plus désespéré. En trente ans seulement, la Terre s'est transformée en Planète Fin-du-Monde. Et, alors que les mouvements révolutionnaires s'opposant au capitalisme mondial reprennent inlassablement les antiennes marxistes qui ont déjà échoué à se réaliser précédemment ou se sont transformées en leur contraire, il semble de plus en plus improbable d'obtenir ne serait-ce qu'une seule victoire collective contre des gouvernements injustes, corrompus et destructeurs. Désormais nous devons nous contenter d'un choix « démocratique » entre des capitalistes « progressistes » – les anciens partis « de gouvernement », de droite et de gauche, fondus en un seul – et des capitalistes « réactionnaires » – les anciens partis d'« extrême droite ». *Les Hommes et leurs chefs, une histoire de la maltraitance.* Le désespoir politique est notre cadeau.

Le désespoir politique, c'est nous. On peut le déplorer – si on est de nature à déplorer des choses – mais on ne peut pas l'ignorer. Nous n'avons jamais connu d'engagement qui ait vraiment porté ses fruits. Nous n'avons jamais connu d'engagement qui n'ait pas été intimement corrompu par l'âme adventice : la culpabilité, le malheur, les divisions, les combats d'ego, l'amertume, les stratégies de balle dans le pied. On ne se bat jamais contre une cause sans forcément la nourrir un peu. On ne se bat jamais contre une cause sans l'émoustiller et l'exciter en l'asticotant, en aimant un peu trop ne pas aimer ce qu'on aime, en voulant un peu trop ce qu'on ne veut pas. De même qu'à chaque fois qu'un enfant dit « Je ne crois pas aux fées », une petite fée se meurt, de même, à chaque fois que quelqu'un fait quelque chose pour contrer la montée d'un homme politique particulièrement nuisible, alors une petite voix supplémentaire pour celui-ci apparaît, comme par magie noire, dans son urne.

C'est le cas des sorcières lorsqu'elles ont uni leurs forces contre Donald Trump : il en est ressorti grandi. Les salauds gagnent toujours quand on lutte contre eux. On grandit la cause qu'on combat par les faiblesses de notre argumentation (même quand notre argumentation n'est pas faible), mais surtout par l'antipathie que génère toujours un peu celui qui parle chez celui qui écoute (même quand celui qui parle n'est pas antipathique). La seule politique qui marche vraiment, c'est le boycott. La seule politique qui fasse disparaître l'ennemi, c'est le boycott. Parce que le boycott *enlève de la réalité* à quelque chose. Si les sorcières veulent vraiment faire disparaître Trump, il faut qu'elles décident de *ne plus jamais prononcer jusqu'à son nom*. Et il disparaîtra. Sans qu'il y ait besoin de le convoquer encore, même pour lui donner son congé. Il serait temps pour nous de commencer à vivre sans Donald Trump et ses semblables. Il ne nous reste plus beaucoup de temps.

Le boycott : voilà notre arme pour lutter contre ce monde de mort. C'est une toute petite arme. Elle ne prend pas de place dans notre poche. Mais, comme la non-violence, comme le végétarisme, comme l'anarchisme, cette arme fut toujours celle des Sans Roi. La seule chose qui compte vraiment dans la vie, c'est de réussir à ne pas faire ce qu'on n'aime pas, ne pas vouloir ce qu'on ne veut pas, ne pas ignorer ce qu'on n'ignore pas, ne pas défaire ce que l'on a fait et ne pas se prendre pour ce qu'on n'est pas. Et c'est si difficile. Nous avons un plaisir fou à faire ce que nous n'aimons pas mais que nous aimons ne pas aimer. Et ainsi nous abandonnons notre volonté à des passions tristes et nous nous enténébrons. Nous le savons, mais nous ne savons pas encore assez que nous le savons pour cesser de le faire et devenir ce que l'on est.

Le boycott, c'est le seul geste politique qui ne produit aucune ombre et qui ne se transforme pas en son contraire. On l'a vu pour l'Afrique du Sud : c'est le geste qui a mis fin à l'apartheid. On le voit avec la Palestine : la campagne BDS est le seul geste politique qui fasse vraiment peur au gouvernement israélien. Nous devons boycotter impérativement tout ce qui nuit à la planète comme à notre moral. Nous devons boycotter la nourriture empoisonnée et les empoisonneurs de l'esprit. Le boycott est le cadeau que nous leur ferons.

C'est le dix-neuvième stratagème : *Fu di chou xin*, *« Retirer les bûches sous la marmite. »* Soit : ne pas s'opposer à la force, mais lui retirer son point d'appui. La nourriture du capitalisme, c'est l'argent. Si on arrête de dépenser, il meurt de faim. La nourriture des médias, c'est le fait d'être consultés. Si on arrête de les consulter, ils meurent de tristesse. La nourriture des intellectuels merdiques et des chroniqueurs, c'est le « buzz ». Ils font des scandales pour tout et pour rien, accumulent les provocations débiles, et nous, nous marchons. Nous ne marchons pas, nous courons ! Si nous arrêtons de marcher, ils crèvent. Boycottons-les tous impitoyablement. Bien entendu qu'on n'ignorera pas l'existence du capitalisme, des médias ou des intellectuels merdiques et des chroniqueurs, mais on fera semblant jusqu'à ce que ça marche. Au bout d'un moment, on finira par triompher de leur poison.

Nous n'arriverons jamais à faire la révolution si nous ne boycottons pas définitivement la télévision. Intégralement, sans exception, sans besoin d'explication et pour toujours : comme on arrête la viande. C'est le geste le plus simple et le plus fort. Vivre la télévision éteinte. Cesser de faire ce qu'on ne veut pas. Apprendre à faire ce qui nous rend heureux ; ce qui nous rend fiers et vivants. Apprendre à aimer ce qu'on aime. Apprendre à boycotter ce qu'on n'aime pas. Nous avons assez été malades. Boycottons tout ce qui nous nuit. Il ne nous reste plus beaucoup de temps.

Nous avons tout pris à l'envers, et la politique pour commencer. Est-ce trop tard ? C'est toujours trop tard. Mais il y a toujours la possibilité de faire quelque chose. D'ailleurs tout commence vraiment lorsqu'il est trop tard et qu'il n'y a plus aucun espoir. Nous avons tout pris à l'envers, parce que nous pensons que la politique commence à partir du moment où nous donnons notre avis sur quelque chose. Genre : « Ça, c'est bien » et « Ça, c'est pas bien ». Si c'est « ça », la politique, alors oui, c'est trop tard : on nous a fait voter jusqu'à la lie, jusqu'au dégoût, jusqu'au vomi. On nous a fait voter jusqu'à ce que la notion de vote n'ait plus de sens. Puis on nous a fait manifester pendant des mois et des mois. On nous a fait manifester jusqu'à l'éborgnement et la mutilation. Et maintenant, alors que les États du monde ratifient les traités les plus destructeurs pour la planète, alors que le pouvoir de toutes les nations est entre les mains des pires crétins corrompus au service des 1 % les plus riches, il ne nous reste plus un sou en poche et même plus nos yeux pour pleurer…

Heureusement, la politique ne commence pas là. La politique s'arrête là. L'opinion, le vote, la manifestation, l'appartenance à un parti ou à un mouvement : c'est là où la politique n'a presque plus de prise. C'est là où elle n'a plus de sens. La politique ne commence pas là. La politique commence là où on invente quelque chose qui n'est pas encore jugeable, qui n'est pas encore comptabilisable, qui n'est pas encore « votable » mais que tout le monde voudrait adopter, que tout le monde voudrait vivre et que tout le monde commence à faire. La politique commence comme une chanson des Beatles.

Toutes les politiques d'émancipation commencent par des actes invraisemblables, aberrants. Toutes les politiques d'émancipation commencent par des hommes et des femmes qui *veulent être libres*. Ils ne savent pas encore comment faire mais ils le veulent et c'est largement suffisant pour commencer. Comme *L'An 01* de Gébé qui commence par un mec qui décide de ne pas aller bosser. Toutes les politiques d'émancipation commencent par des hommes et des femmes qui disent : Aujourd'hui je fais autre chose. Ce monde, c'est plus possible. Cette société, j'en veux plus. C'est la puissance du refus initial qu'il faut trouver en soi. Si notre refus est vraiment fort et notre création vraiment originale, le reste du monde sera obligé de s'adapter.

La vie, c'est nous. La richesse, c'est nous. La puissance, c'est nous. Le cœur du monde, ce ne sont pas les chefs d'État ni les multimilliardaires. Ça ne l'a jamais été. Ils sont à peine les seconds couteaux de cette histoire... Le cœur du monde, c'est nous. Nous sommes le personnage principal de l'histoire et, quand bien même notre exemple n'aura « contaminé » personne (comme dirait Fournier), nous aurons vécu heureux, et en accord avec nos principes. Rien que ça, c'est une victoire absolue contre le Démiurge et son monde de mort.

Dit autrement : l'homme politique est le fond de la corbeille de l'humanité d'une époque. Il est son déchet, la dernière de ses merdes. Mais on ne chie jamais que la merde de ce qui a été mangé précédemment. Les hommes sont toujours moins mauvais que leur classe politique, mais enfin ils ont quand même celle que leurs actions passées ont engendrée. Quand une époque est une grande époque, l'homme politique qu'elle engendre est, par nécessité, forcément moins mauvais. Comme le reste du monde, il est obligé de s'adapter à notre liberté. Inventons une manière d'être qui soit merveilleuse, devenons un authentique Sans Roi et, autour de nous, tout changera, tout s'adaptera, tout s'améliorera. Cessons de pester sur les hommes politiques racistes, sexistes, policiers, capitalistes ou militaires : devenons un peu moins racistes, sexistes, policiers, capitalistes et militaires et ils le deviendront un peu moins malgré eux ; parce qu'ils n'auront pas le choix. Ils seront obligés de s'adapter. Ne leur donnons surtout pas le choix : soyons magnifiques.

Dit autrement : l'homme riche est le dernier des péquenauds de son temps. Il n'a rien vécu, ne vit rien, ne vivra rien. Il « capitalise ». Il « accumule ». Il mange tout ce qu'il peut, il vomit, et, ce qu'il a vomi, il voudrait le donner à sucer au reste du monde. Mais il n'a aucune importance. C'est un pauvre type et sa vie n'a aucun intérêt. Les riches sont des cons. Alors que nous, dans notre recherche d'un équilibre entre l'éthique et le salaire, et notre souci de gagner notre vie sans détruire celle des autres, nous vivons une aventure fantastique de chaque instant. Le héros de toute l'histoire de l'humanité, c'est nous. Le riche n'est que le pauvre spectateur de la vie, loin de celle-ci, et pas près de la rejoindre. Si nous cessons de l'envier ou de le détester pour ce qu'il nous prend, si nous l'ignorons et vivons notre vie tranquillement sans lui, il viendra quémander notre amour et nous proposera toutes ses fortunes en échange d'un petit sourire ou d'un rendez-vous.

Dit autrement : l'homme médiatique, « celui qui fait parler de lui » ou « dont tout le monde parle », la superstar, est à peine un figurant du roman mystique dont nous sommes le héros. C'est juste une gueule sur une affiche dans le fond de l'image où les personnages vivent. On croit qu'il est un levier puissant de l'action collective mais, à part pour de très rares exceptions, c'est l'inverse qui est vrai : « l'homme célèbre » est le résultat, la conséquence, la dernière étape d'une action collective dont nous sommes toujours la source. Rêvons mieux cette planète telle que nous la voulons : belle et folle. Incarnons mieux ce rêve : grand et coloré. La source de tous les futurs est entre nos mains quand nous ouvrons les yeux et donnons une forme à nos désirs. Ce monde n'a cessé de nous infantiliser. Cessons de le croire. Cessons nous croire impuissants. L'impuissance est le cadeau que nous lui retournerons.

Le sens de la vie, c'est nous. N'envions pas l'homme riche. Ne haïssons pas l'homme politique. Ne surestimons pas l'homme médiatique. Laissons-les nous surestimer, nous haïr ou nous envier, eux, s'ils y tiennent. S'ils y tiennent, laissons-les se soucier de nous, mais nous, ne nous soucions pas d'eux. Nous n'avons pas le temps, vraiment. Cessons de nous préoccuper de tout ce que nous n'aimons pas – ou plutôt que nous aimons ne pas aimer –, cessons de nous soucier de tout ce que nous ne voulons pas – ou plutôt que nous voulons ne pas vouloir –, cessons de prétendre savoir ce que nous ne savons pas, d'espérer faire ce que nous ne faisons pas et de jouer à être ce que nous ne sommes pas – le temps de nous améliorer et d'améliorer la situation des gens que nous aimons. Faisons-nous une vie parfaite, une vie « à notre image ». Et cessons de nous soucier de demain. Faisons ici et maintenant notre paradis de la poussière qu'ils nous auront laissée. Ignorons-les jusqu'à ce qu'ils disparaissent. C'est quand nous acceptons l'idée que tout a été soldé depuis des décennies aux industriels, aux milliardaires et aux militaires, que nous commençons à penser à de nouvelles façons de vivre ou d'agir. C'est quand nous n'avons plus aucun espoir quant aux actions des hommes, aux décisions des gouvernements ou à l'avenir du monde que commence vraiment la Grande Politique. C'est quand nous n'avons plus la moindre illusion que nous sommes Sans Roi. C'est quand nous n'avons plus rien. Et c'est maintenant. La fin du monde commence maintenant. Ne voyez-vous pas comme il fait nuit en plein midi ? Il ne nous reste plus de temps du tout.

# Table des matières

Tout ce que vous venez de lire est vrai.
Seuls les noms ont été changés
pour protéger les innocents.

*Remerciements :*
*Thomas Bertay, Chloé Delaume, Aïda Labib,*
*Loljia, Bertrand Mandico et Virginie Vernay*

Dépôt légal : décembre 2019

Édition : Ariane Molkhou
Relecture correction : Florence Collin
Fabrication : Catherine Labrousse

Imprimé en France par EPAC Technologies
N° d'impression : 4550414323320
Dépôt légal : janvier 2020